SOCIÉTÉ DE LA MORALE CHRÉTIENNE.

COMITÉ POUR L'ABOLITION DE LA TRAITE DES NOIRS.

FAITS RELATIFS

A LA

TRAITE DES NOIRS.

A PARIS,

DE L'IMPRIMERIE DE CRAPELET,

RUE DE VAUGIRARD, Nº 9.

Se trouve

AU BUREAU DE LA SOCIÉTÉ DE LA MORALE CHRÉTIENNE,

RUE TARANNE, Nº 72.

1826.

EXTRAIT DU RÈGLEMENT

Au Comité pour l'Abolition de la Traite des Noirs.

La Société de la Morale chrétienne, formée avec l'autorisation du Gouvernement, et ayant pour objet l'application des préceptes du christianisme aux relations sociales ;

Convaincue que rien n'est plus contraire à la morale chrétienne que la prolongation du commerce odieux et illicite connu sous le nom de *Traite des Noirs ;*

Touchée des maux et des cruautés sans nombre qu'entraîne un trafic qui fait gémir l'humanité, dégrade ceux qui s'y livrent comme ceux qui en sont les victimes, et déshonorerait la nation civilisée qui en tolèrerait plus long-temps l'existence ;

A choisi dans son sein un Comité chargé de hâter par tous les moyens moraux qui seront en son pouvoir, l'abolition effective de la Traite des Nègres, prohibée formellement par nos lois, réprouvée par la conscience, mais continuée par la cupidité.

Le Comité, convaincu qu'il trouvera dans la raison et la philanthropie générale les plus puissans auxiliaires de ses travaux, ne craint pas de faire un appel à l'intérêt du public pour une cause chère à la religion, à la morale et à l'humanité.

« Le Comité est nommé pour la recherche des moyens les plus propres, dans la limite des attributions de la Société, à accélérer et à compléter l'abolition de la Traite des Noirs.

« Le Comité recueillera tous les renseignemens susceptibles de faire naître, d'accroître et de propager l'horreur pour l'indigne trafic de la Traite ; il publiera ou fera publier, avec l'agrément de la Société, soit dans le journal de la Société, soit par d'autres voies, les faits ou les idées qui lui paraîtront propres à combattre les préjugés et les passions qui tolèrent ou protègent encore un commerce contraire à la morale autant qu'à la loi ; il encouragera la composition d'ouvrages utiles à l'Abolition, et la traduction d'ouvrages étrangers sur le même sujet, où il reconnaîtra ses intentions et son esprit ; il fera connaître et secondera les entreprises qui pourraient être formées dans l'intention d'anéantir directement la Traite des Nègres. »

Le Comité recevra avec reconnaissance les souscriptions pour une somme quelconque qui lui seront adressées, et les communications de toutes les personnes qui auraient des renseignemens à lui fournir, ou qui désireraient entrer en correspondance avec lui.

Les lettres devront être adressées, *franc de port*, à MM. les Présidens et Membres de la Société de la Morale chrétienne, rue Taranne, n° 12.

Les souscriptions seront reçues chez M. Dominique ANDRÉ, banquier, Trésorier de la Société, rue des Petites-Écuries, n° 40, et chez M. CASSIN, Agent de la Société, rue Taranne, n° 12.

Fers employés pour la Traite des Noirs.

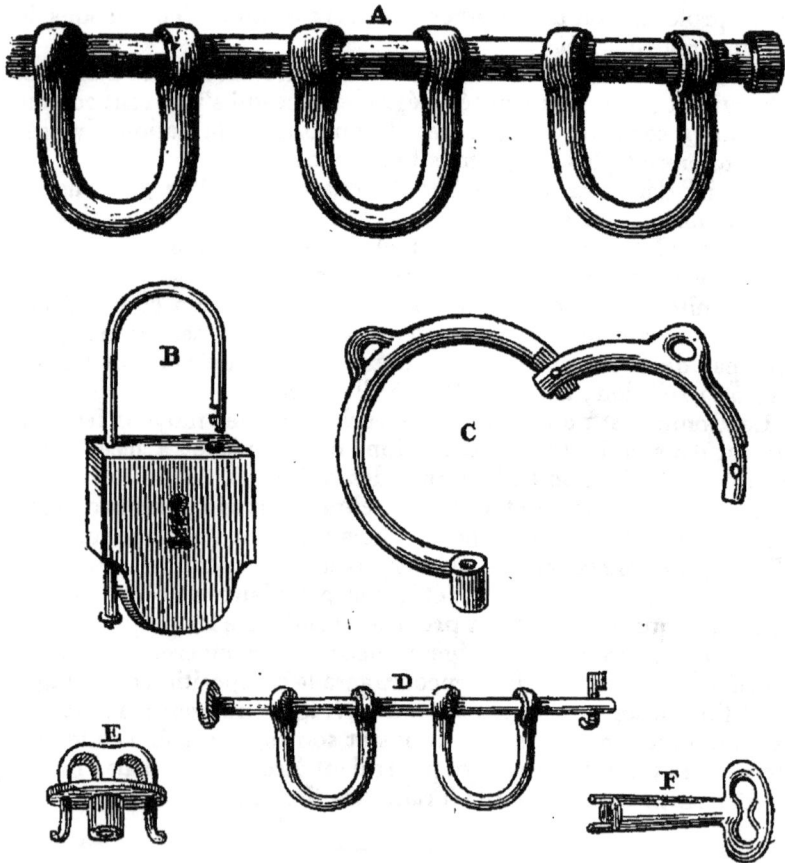

A Appareil nommé *barre de justice!* garni de *menottes* pour garrotter les pieds des esclaves. Chaque barre a environ six pieds de long; elle est garnie de huit *menottes* qui servent à attacher huit esclaves, si l'on n'en met qu'une à chaque pied, ou seulement quatre, si l'on entrave les deux pieds. La planche ne représente que la moitié d'une barre de justice; l'autre extrémité est percée d'un trou dans lequel passe la branche d'un cadenas *B* qui retient les menottes.

C Carcan ou collier à charnière qui se ferme au moyen d'une vis. Les deux œillets pratiqués dans ce collier sont destinés à recevoir les anneaux d'une chaîne que l'on arrête au moyen d'un cadenas passé dans deux chaînons, et qui sert à amarrer les esclaves, soit à bord, soit avant leur embarquement.

D Menottes pour les poignets.

E Poucettes que l'on serre à volonté et jusqu'à faire jaillir le sang, au moyen d'une vis et d'un écrou.

F Clef qui sert à la fois à serrer les poucettes et à ouvrir ou fermer le collier.

TRAITE DES NOIRS.

CORRESPONDANCE

ET

RENSEIGNEMENS DIVERS.

LETTRE A M. LE PRÉSIDENT

DE LA SOCIÉTÉ DE LA MORALE CHRÉTIENNE.

MONSIEUR,

La lecture du Journal de la Morale chrétienne, celle des documens publiés par le parlement d'Angleterre, et les lettres de mes propres correspondans, m'avaient convaincu depuis long-temps de la triste vérité qu'il existe à Nantes quelques négocians avides et cruels qui se livrent à la Traite des Nègres. Toutefois, je supposais qu'un trafic condamné par nos lois, et en abomination à toute âme honnête, ne se poursuivait qu'avec une sorte de réserve, et que les précautions employées par les Négriers pour dissimuler leurs œuvres d'iniquité, pouvaient rendre difficile à l'administration de constater les faits et de réprimer le crime. J'ai voulu connaître la vérité; j'ai été à Nantes, et j'en reviens le cœur navré de douleur et de honte. Voici ce que je tiens des hommes les plus dignes de foi, voici ce que j'ai vu par moi-même. Si ces détails, que je vous garantis, ne parviennent pas enfin à ouvrir les yeux de l'autorité, du moins j'aurai rempli mon devoir d'homme et de citoyen, en protestant hautement que la France n'est pas complice de la sanglante cupidité de quelques misérables.

Il est malheureusement incontestable que la Traite des Noirs, loin d'avoir diminué, se fait aujourd'hui à Nantes avec plus d'étendue, plus de facilité et moins de mystère qu'à aucune autre époque. Le taux de l'assurance fournit à cet égard une donnée positive; ce taux est de 25 pour $\frac{0}{0}$, après avoir été de 33 et 36; et ce genre de risques est fort recherché par une certaine classe d'assureurs qui ne rougissent pas de les nommer des *assurances d'honneur*. A la Bourse, dans les cercles, on entend parler publiquement de la Traite; et ceux qui trempent leurs mains dans ce commerce de sang ne prennent pas même la peine de désigner leurs victimes sous les noms consacrés dans leur argot, de *mulets*, de *ballots* ou de *bûches de bois d'ébène*. M. un tel, vous dit-on, a fait un heureux voyage; il a pris un chargement de Noirs sur la côte de Guinée; il a été obligé d'en jeter une trentaine à la mer pendant la traversée; mais il en a débarqué tant sur tel point, et il a encore gagné sur la cargaison de retour. Heureux voyage en effet que celui qui commence par le vol et par l'incendie, qu'une cruauté homicide accompagne, et qui se termine par la vente de victimes humaines exposées sur le marché comme des bêtes de somme! Les noms des armateurs qui font la Traite ne sont ignorés de personne; les uns figurent déjà sur les rapports de la Société africaine, d'autres ne sont pas moins connus. Je pourrais vous citer, sans craindre d'être contredit par aucun Nantais de bonne foi, tel trafiquant d'esclaves qui ose prétendre au titre d'ami de la liberté, et qui ne pense pas apparemment y déroger lorsqu'il fonde sur l'esclavage de ses semblables l'espoir de sa honteuse fortune; tel autre qui affecte la dévotion, et qui ne craint pas de dire, avec une exécrable hypocrisie, que s'il fait la Traite, c'est pour convertir les Nègres au christianisme. Un troisième passe pour particulièrement heureux ; il a réussi jusqu'à présent dans toutes ses expéditions ; 8,000 fr. qui lui ont été confiés par un fonctionnaire public, en ont produit 16,000, et les 16,000 en produiront bientôt 32,000.

Le Journal de la Morale chrétienne a signalé quelques uns des artifices au moyen desquels on élude la surveillance de l'autorité, et la loi évidemment illusoire qui prohibe la Traite. Vous avez expliqué comment c'est un prête-nom qui figure sur les rôles d'équipage comme capitaine du navire, tandis que le véritable capitaine s'embarque en qualité de second ; vous avez expliqué comment l'on achète des matelots la promesse qu'ils mentiront sur le but de leur voyage devant le commissaire de la marine, apparemment pour s'assurer de leur fidélité par un double parjure. Je dois le dire pourtant à la louange de quelques uns de ces marins, il en est qui sont revenus de la Traite si révoltés des horreurs dont ils ont été témoins, que, moins endurcis que leurs chefs, ils ont déclaré ne vouloir recommencer pour aucun prix un pareil voyage. Des gens dignes de foi m'ont assuré que les capitaines se procurent, à prix d'argent, des rôles d'équipages en blanc, mais déjà revêtus du timbre de l'administration, en sorte qu'il ne s'agit plus que de les remplir, et de contrefaire la signature du commissaire des classes, en ajoutant le crime de faux à tous les autres crimes dont la Traite se compose. A-t-on lieu de croire qu'un bâtiment négrier, à son retour à Nantes, sera soumis à un examen un peu sévère, les armateurs en sont promptement informés, et des lettres sont à l'instant expédiées au capitaine, par l'entremise des pilotes côtiers, pour lui donner ordre de changer de route, et de se rendre soit à Lisbonne, soit plus habituellement à Anvers.

Plus le trafic des Noirs a pris d'extension, plus les armateurs ont cherché à accroître le nombre de leurs complices. Aujourd'hui, la plupart des ouvriers qu'ils emploient, le voilier, le cordier, le poulieur, le forgeron, sont, en quelque sorte, contraints de prendre en paiement d'une partie de ce qui leur est dû des actions dans la Traite. Ces actions ne sont en général que de 1,000 francs, afin d'être à la portée des plus modiques fortunes. Les constructeurs, ceux du moins dont les noms m'ont été cités, ne paraissent pas toujours être directement intéressés dans les expéditions de Traite ; mais la coupe et la distribution intérieure des navires qui leur sont commandés, ou qu'ils construisent par spéculation, ne sauraient leur laisser la plus légère ombre de doute sur la destination de ces navires.

Les estimations les plus modérées portent à plus de 80 le nombre des bâtimens qui sont aujourd'hui employés à la Traite dans le port de Nantes. La plupart de ces vaisseaux, admirablement bien construits pour la marche, sont des bricks, des goélettes ou des lougres de petites dimensions. Il en est peu qui excèdent 200 tonneaux ; plusieurs sont à peine de 50 ou 60. C'est là que l'on entasse les malheureux Nègres comme des veaux que l'on conduit à la boucherie, et que l'imagination des Négriers s'exerce à trouver le moyen d'empiler 300 créatures humaines dans un espace où 20 pourraient à peine respirer librement. Qu'importe que l'attitude forcée dans laquelle on les enchaîne devienne le plus atroce des supplices pendant un long voyage, sous le climat des tropiques ; qu'importe qu'un sang fétide découle de leurs membres ulcérés par les fers ; qu'importe qu'il en meure quelques douzaines dans la traversée, si, malgré ces *avaries*, le reste de la cargaison se vend avec profit?

Je n'avance rien qui ne soit de notoriété publique; mais il est temps que je vous rende compte de ce que j'ai vu de mes propres yeux. Accompagné d'un marin de ma connaissance, j'ai désiré parcourir le port de Nantes, et visiter quelques navires qui eussent fait la Traite, ou qui fussent évidemment destinés à la faire. Le moment n'était pas favorable; car, peu de jours auparavant, environ quinze bâtimens négriers avaient mis à la voile : on pouvait donc supposer qu'il n'en restait pas d'autres en rivière; mais c'eût été mal juger de l'activité de cet exécrable commerce.

Dès les premiers pas, je vis sur le quai un grand nombre de barriques d'eau prêtes à être embarquées, et dont tout œil tant soit peu exercé ne pouvait méconnaître la destination. On sait que les barriques en usage à bord des bâtimens négriers sont plus grandes, et construites en bois plus mince que celles des autres navires, parce qu'elles ne servent que pour un seul voyage, et qu'au retour on les remplit de sucre ou de café.

Je me rendis sur le chantier. Parmi les navires en construction, j'en reconnus quatre que leur coupe signalait de loin pour des négriers. L'un d'eux était presque achevé, et venait d'être mis en vente. Je montai sur le pont, et un coup d'œil suffit pour transformer en certitude les soupçons trop légitimes que l'aspect extérieur du bâtiment m'avait inspirés. En effet, la dimension des écoutilles, les mortaises toutes prêtes à recevoir le grillage qui doit les recouvrir, et la plate-forme déjà mise en place à trois pieds et demi au-dessous du pont, ne pouvaient plus laisser l'apparence d'un doute. C'est sur cette plate-forme, c'est dans cet espace de trois à quatre pieds de haut que les malheureux Noirs, par centaines, sont *arrimés* comme des ballots, sans qu'on paraisse se proposer d'autre problème que d'en faire tenir le plus grand nombre dans le moindre espace possible. Survient-il une tempête, on recouvre l'écoutille d'une toile goudronnée qui, en empêchant l'eau de pénétrer dans le navire, intercepte aussi le passage de l'air. Quand ensuite l'orage se dissipe, et que l'on vient à soulever cette toile, l'odeur effroyable qui s'exhale de l'entrepont apprend aux bourreaux qu'une partie de leurs victimes a péri suffoquée, et que l'autre respire à peine au milieu des cadavres et des excrémens. Alors on fait la revue de *la cargaison*, et on jette à la mer non pas seulement les morts, mais ceux qui, étant trop affaiblis par les souffrances, ne se vendraient pas avec profit.

Mais ce n'est pas seulement sur le chantier que j'ai vu des navires évidemment destinés à la Traite. Sept autres bâtimens dont la destination n'était pas plus méconnaissable, se trouvaient en rivière. L'un d'eux, bâtiment neuf dont on réparait le doublage, n'était pas encore nommé; trois autres avaient leurs noms effacés; car, d'ordinaire, les négriers changent de nom après chaque voyage : c'est aussi l'usage des voleurs et des escrocs. Trois autres enfin portaient leurs noms inscrits sur la poupe. Le dernier, *la Bretonne*, brick-goëlette de 106 tonneaux, est le seul dont je vous entretiendrai, parce que je me suis rendu à bord, et que je l'ai examiné en détail. Ce navire, qui avait déjà fait un voyage, était en vente. Une cuisine en fer, amarrée sur le pont, et dont les dimensions auraient suffi pour un vaisseau de guerre, semblait placée là comme pour indiquer au plus ignorant à quelle espèce de commerce *la Bretonne* était destinée. La plate-forme avait été enlevée pour faire place à la cargaison de retour, mais l'odeur cadavéreuse dont la cale restait encore imprégnée, rappelait les souffrances des malheureux Nègres qu'on y avait entassés.

Combien d'esclaves peut contenir ce bâtiment? demandai-je au matelot qui était de garde. Cet homme, qui avait lu apparemment dans mes regards le sentiment d'horreur dont mon âme était pénétrée, conçut des soupçons, hésita, et ne me donna qu'une réponse évasive. Combien, reprit la personne qui m'accompagnait, deux cent cinquante, n'est-ce pas, ou environ? — Plutôt davantage que moins, repartit alors ce matelot, entraîné par la force de l'habitude. — Plus de deux cent cinquante esclaves sur un navire de 106 tonneaux!!!

Ce n'est pas tout. Il faut des fers pour se rendre maître de tant de victimes, et des fers auprès desquels les chaînes de nos galériens sont des guirlandes de roses. Il faut des entraves pour leurs jambes; il faut des tringles pour lier ensemble et pour tenir immobile tout une rangée d'esclaves; il faut des menottes pour serrer leurs poignets; il faut des *poucettes* pour mettre à la gêne ceux qui ont un sentiment trop énergique de la cruauté de leurs bourreaux. J'avais vu les dessins de ces instrumens de torture; je devais croire qu'il s'en fabriquait à Nantes; je voulus en avoir la preuve : ce ne fut pas difficile. Mon compagnon entra dans la première boutique de forgeron que nous rencontrâmes sur la Fosse, et, après quelques pourparlers avec le maître-ouvrier, on le conduisit à un entresol où il vit entassés par centaines les fers qui faisaient l'objet de ma recherche. Ce fut dans cet arsenal du crime qu'il choisit, au hasard, les menottes et les poucettes que je vous prie de déposer sur votre bureau, comme une preuve entre mille de l'impudeur inouïe avec laquelle la Traite se fait à Nantes. (1)

_____

(1) Une collection complète de fers destinés à la Traite est déposée à la Société de la Morale chrétienne, rue Taranne,

Tous ces faits sont de notoriété publique; il n'est pas de voyageur qui ne puisse les vérifier aussi-bien que moi. Est-il croyable que les agens du gouvernement soient les seuls qui les ignorent? C'est ce que je n'ai point à examiner ici. Ou la loi est insuffisante, ou ceux à qui l'exécution en est confiée manquent à leur devoir: voilà ce que personne aujourd'hui ne saurait révoquer en doute.

Quelque triste que soit ce récit, une pensée consolante vient adoucir notre peine; c'est que s'il est certain que des hommes avides se livrent aujourd'hui à la Traite avec tout l'aveuglement d'une cupidité effrénée, il n'en est pas moins incontestable que dès l'instant où le gouvernement adoptera des mesures plus efficaces, la Traite sera supprimée sans la moindre difficulté. Hâtons-nous de le dire; si le trafic des Noirs n'est pas encore couvert de toute la haine et de tout le mépris qui en sont le juste salaire, du moins il n'a pas, même à Nantes, poussé de profondes racines parmi nous; l'opinion pu-

---

n° 12, où tout le monde peut aller les examiner. Un de ces instrumens de torture, par une odieuse dérision, porte le nom de *barre de justice.*

Ces fers ont été mis sous les yeux de Mgr le Dauphin, qui a témoigné à leur aspect la généreuse indignation qu'un pareil spectacle doit inspirer à un homme de bien et à un chrétien. Nous sommes autorisés à croire que S. A. R. prend un intérêt actif à l'abolition de l'infâme commerce des Noirs, et que toute mesure qui tendra efficacement à ce but sera honorée de son appui.

LL. AA. RR. Mgr le duc et madame la duchesse d'Orléans, ainsi que tous les princes et princesses de leur maison, n'ont témoigné ni moins d'horreur pour ces instrumens de torture, ni moins de zèle pour une cause qui est celle de la religion, de l'humanité et de l'honneur national.

blique le condamne ; il est repoussé par quiconque a quelque religion, quelque vertu, ou même quelque sentiment de pudeur. Deux des maisons qui s'y livrent avec l'activité la plus notoire sont d'origine étrangère, et tous les négocians honorables rougiraient d'y prendre la moindre part.

Auguste DE STAËL,
Membre de la Société de la Morale chrétienne.

Paris, 5 décembre 1825.

Copie de la lettre qui précède a été transmise à S. Exc. le ministre de la marine par le Comité pour l'abolition de la Traite des Nègres, de la Société de la Morale chrétienne. Le Comité se fait un devoir de publier sa lettre d'envoi et la réponse de S. Exc.

Lettre du Conseil d'administration de la Société de la Morale chrétienne à S. Exc. le Ministre secrétaire d'État de la Marine.

MONSEIGNEUR,

Le Comité de la Société de la Morale chrétienne pour l'abolition de la Traite des Noirs, qui, depuis sa fondation, s'efforce d'exciter l'opinion publique de la France contre un trafic qui foule aux pieds les principes les plus sacrés de la religion, de la morale et de l'humanité, espère seconder ainsi l'action du gouvernement et des lois, qui réprouvent également le commerce barbare des hommes. Dans cette vue, le Comité croit de son devoir aujourd'hui de mettre sous les yeux de V. Exc. copie d'une lettre qu'un de ses membres, M. le baron de Staël, arrivant de Nantes, vient de lui écrire, au sujet de la continuation de la Traite par des armateurs

de cette ville, et qui contient malheureusement les té-
moignages les plus authentiques de ce fait.

Nous espérons que V. Exc. partagera, à la lecture de
cette lettre, l'horreur dont les membres de la Société de
la Morale chrétienne ont été saisis, et que, dans sa sol-
licitude éclairée, elle trouvera remède à un mal qui
non seulement souille le pavillon français, mais qui dé-
moralise les marins employés dans cette infâme contrebande.

Nous avons l'honneur, etc.

Paris, le 25 décembre 1825.

*Réponse de S. Exc. le Ministre secrétaire d'État de la
Marine.*

MONSIEUR,

La commission centrale de la Société de la Morale
chrétienne a bien voulu m'adresser, le 25 du mois dernier, copie d'une lettre qui lui a été écrite par l'un de
ses membres, au sujet de bâtimens français qui seraient
partis du port de Nantes pour faire la Traite des Noirs.
Je vous prie de recevoir, et de faire agréer à messieurs
vos collègues mes remercîmens pour cette communication, et de les assurer que je la prendrai en très grande
considération.

Recevez, Monsieur, l'assurance de ma considération
distinguée.

Le pair de France, ministre de la Marine et des Colonies,

Signé : comte DE CHABROL.

Paris, le 13 janvier 1826.

Note explicative fournie par un forgeron de Nantes. (*)

« Quand on prend les Nègres dans les bois, cette chaîne peut servir à les retenir jusqu'à l'embarquement. Pour cela on les attache, et l'on passe autour d'un arbre la chaîne que l'on amarre des deux bouts, de la manière indiquée ci-dessus.

« Pour retenir la chaîne on passe la branche du cadenas dans une maille d'un des bouts de la chaîne et dans la boucle de l'autre bout, et ainsi l'on resserre plus ou moins la chaîne en mettant le cadenas dans une maille plus ou moins près du bout.

« Les clefs, pour ouvrir les colliers, se détournent à gauche jusqu'à ce que la vis qui passe dans les deux parties du collier quitte la partie du dessous, alors elles se séparent, le collier est ouvert; pour le refermer on les rapproche et l'on retourne à droite la vis, jusqu'à ce qu'elle traverse les deux parties, et le collier est fermé. Il y a deux chaînes et un des petits cadenas pour chaque.

(*) On ne saurait mieux donner l'idée de la scandaleuse impunité avec laquelle on se livre à Nantes au trafic des Nègres, qu'en publiant textuellement la note explicative, accompagnée de dessins à la plume, qui était jointe aux fers déposés à la Société de la Morale chrétienne, pour être présentés aux deux Chambres. Jamais la cruauté n'a tenu un langage plus naïf.

Suite de la note explicative fournie par un forgeron de Nantes.

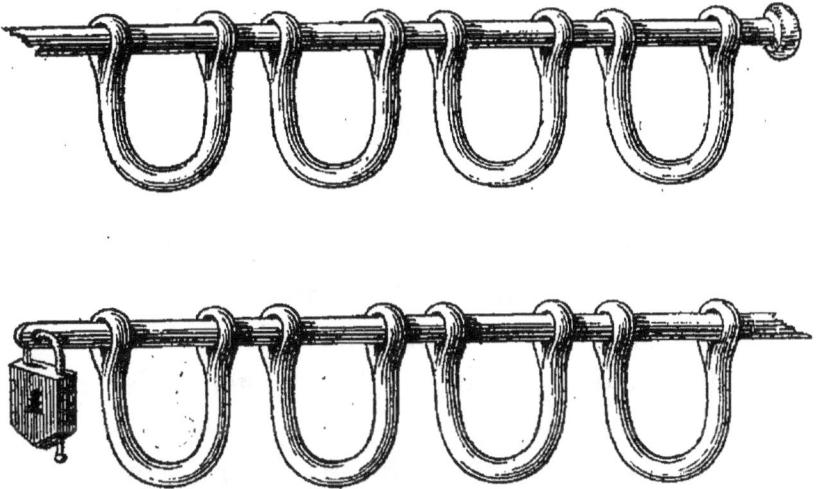

« Cette barre doit être soudée au point A, et le grand cadenas doit être passé dans le trou percé à un des bouts, afin de retenir les menottes.

« On peut attacher à cette barre autant d'hommes qu'il y a de menottes en n'en mettant qu'une à chaque homme, ou la moitié en en mettant une à chaque pied. »

FAITS

EXTRAITS DE DIVERS DOCUMENS.

DES pétitions ont été signées à Paris ainsi que dans d'autres villes de France, et adressées aux deux Chambres, à l'effet d'appeler leur attention sur les moyens d'accomplir l'abolition de la Traite des Noirs, interdite de nom, mais continuée de fait, grâce à l'insuffisance de nos lois ou à la négligence de l'administration.

Cette réclamation en faveur de l'humanité ne devrait pas avoir besoin d'être autrement motivée que par la notoriété publique dans trois parties du monde. Nous pensons cependant qu'un résumé des principaux faits dénoncés depuis dix ans ne sera pas sans intérêt ni sans utilité : la certitude de ces faits n'a généralement pas été contestée, et presque tous ont été plus d'une fois publiés ; ils suffiront pour faire preuve. On observera que nous ne rappelons presque aucun de ceux qui ont été portés devant les tribunaux, et dont la multiplicité accuse plus que tout le reste l'inefficacité des lois actuelles. Enfin si l'on considère qu'une bonne partie des crimes de Traite reste inconnue, et que tel est l'état de l'opinion dans plusieurs de nos ports, à la côte d'Afrique, aux colonies et sur quelques uns de nos vaisseaux, que toutes les contraventions qui sont aperçues ne sont pas dénoncées, on s'effrayera, nous l'espérons, de l'étendue des ravages causés par cette contrebande homicide.

Le navire français *le Louis*, armé à la Martinique, et parti de cette île le 5 janvier 1816, pour faire un char-

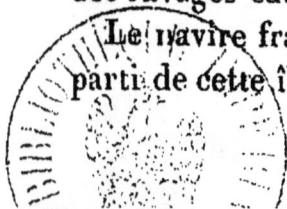

gement de Nègres à la côte d'Afrique, a été surpris par le vaisseau anglais *la Reine-Charlotte*, et capturé après un engagement assez vif près du cap Mesurado, puis conduit à Sierra-Leone, où il a subi un jugement et une condamnation pour fait de contravention aux lois qui prohibent en France la Traite des Nègres. La remise aux autorités françaises de nos établissemens africains n'avait pas encore été effectuée à cette époque; mais un appel ayant été depuis interjeté par-devant la haute cour d'amirauté siégeant à Londres, le jugement a été cassé comme contraire aux principes du droit des gens, qui défendent à tout gouvernement étranger de s'immiscer dans l'exécution des lois d'un autre gouvernement, et le navire a été restitué à ses propriétaires. La procédure publique qui a eu lieu en Angleterre, atteste ce premier fait.

Après la reprise de possession de la colonie du Sénégal, le 25 janvier 1817, les armemens pour Traite se multiplièrent : un bâtiment espagnol partit de Gorée, le 3 mars, avec un chargement de cent cinquante-un Noirs. L'*Élisa* de Bordeaux, l'*Astrée* et *le Sylphe* de Nantes, ont été l'objet d'une accusation analogue. Le 8 novembre, l'*Élysée* de Bordeaux et le *Zéphyr* de la Martinique ont été vus en rade dans le même port avec un chargement d'esclaves. Ces faits, dénoncés en 1818 par l'ambassade anglaise, ont été reconnus par M. le comte Molé, alors ministre de la marine.

Des preuves semblables attestent que dans le cours de 1818, quatre des mêmes bâtimens, savoir, *l'Elisa*, *le Sylphe*, *le Zéphyr* et *l'Elysée*, en outre *la Marie* de Marseille, et *l'Elisa* du Sénégal, ont mis à la voile avec des cargaisons de Nègres; il faut y ajouter *la Reine-Caroline* de Nantes, *le Zéphyr* de Nantes et *le Postillon*; ce dernier fut saisi et condamné. Poursuivi et bientôt acquitté à la Guadeloupe, *le Sylphe* reparut à la côte, dans la rivière de Bonny, à la fin de l'année, pour y charger trois cents quatre-vingt-huit esclaves. Pris par les Anglais, et conduit à Sierra-Leone, il y fut condamné le 19 février 1819.

On doit se rappeler l'épouvantable histoire du *Rodeur*. Ce bâtiment, du port de 200 tonneaux, partit du Hâvre le 24 janvier 1819, mouilla devant Bonny le 14 mars suivant, et en repartit le 6 avril avec cent soixante Nègres. Quinze jours après, une ophtalmie contagieuse se développa parmi les captifs. Conduits sur le pont, quelques uns, saisis du *mal du pays*, se jetèrent à la mer en se tenant embrassés; on les renferma de nouveau. Une terrible dyssenterie se déclara; bientôt la cécité devint générale tant parmi les Noirs que parmi les gens de l'équipage. Un seul matelot conserva la vue, et guida le bâtiment, qui arriva à la Guadeloupe le 21 juin. L'équipage était dans un état déplorable; parmi les Nègres trente-neuf sont devenus aveugles et ont été jetés à la mer. Ce fait, qui n'a point été démenti, se retrouve dans divers recueils, et M. le duc de Broglie l'a rappelé à la Chambre des pairs, le 28 mars 1822.

L'Auguste, *le Narcisse* et *les Deux-Sœurs* du Havre, *l'Africain*, autrefois *la Marie-Paul* de Saint-Malo, ont, dans le courant de 1819, emporté des Nègres de divers points de la côte d'Afrique. En 1820, *la Marie*, *la Catherine* et *la Jeune-Estelle* ont été visitées et prises par les Anglais; réparation a été faite par eux au gouvernement français pour ce qu'il pouvait y avoir dans leur procédé de contraire au droit des gens. Le 4 octobre de la même année, *la Louise*, expédiée du Sénégal à la Guadeloupe à la consignation de MM. Delisle et Rancé, alla par mégarde se faire prendre dans le port d'Antigoa.

En 1821, le navire français *le Dauphin*, capitaine

Saint-Macary, est parti de Bonny pour les Antilles avec un chargement de Noirs. *Le Succès*, appartenant à un négociant de Nantes, saisi et acquitté deux fois sur le fait de Traite à l'île de Bourbon, a été capturé dans une seconde expédition par un vaisseau anglais, et conduit à l'île Maurice, où il a été jugé et condamné pour Traite sans réclamation. C'est ce qui résulte de pièces authentiques extraites du greffe de la cour de vice-amirauté de l'île Maurice.

Les faits suivans sont extraits de la *Gazette royale* de Sierra-Leone. Répétés dans les feuilles anglaises, dans les recueils et dans les rapports de sociétés philanthropiques et religieuses, communiqués en grande partie au parlement d'Angleterre, ils n'ont pas été sérieusement contredits.

— Des lettres de Sierra-Leone, en date du 26 février 1822, portent ce qui suit : « Le brick de guerre français *le Huron* est arrivé dans le havre de Free-Town, après une croisière sous le vent. Ce bâtiment a descendu la côte jusqu'au grand bassin, et, dans sa croisière, a rencontré et visité plusieurs négriers sous pavillon français; mais il n'en a arrêté aucun. Nous espérions que l'arrivée d'un bâtiment de guerre français sur cette partie de la côte, nous délivrerait des bâtimens qui font la Traite des Noirs sous le pavillon de France; mais il paraît que la présence du *Huron* n'a fait qu'accroître l'audace et la confiance des négriers français. Il est de fait qu'un gros navire sous pavillon blanc a été visité, il y a quelques jours, par le brick anglais *le Thistle*, à portée de canon des îles de Loos, et qu'une goëlette de Gorée embarque actuellement une cargaison de Noirs dans le Rio Pongos. Le capitaine du *Huron* a avoué franchement qu'il avait rencontré au large du Cap-Mont quatre navires de sa nation chargés de Nègres; mais que ses instructions ne le chargeaient pas de les arrêter. Cette déclaration disculpe cet officier, et le blâme doit être imputé à d'autres personnes. »

— « Vendredi (15 février 1822), *le Thistle* (*le Chardon*), commandé par le lieutenant Hagan, est arrivé d'une croisière sous le vent. Nous gémissons d'apprendre que la croisière de ce vaisseau n'a fourni que de nouvelles preuves de l'accroissement progressif du nombre des navires négriers qui dépeuplent la malheureuse Afrique. A Gallinas, *le Chardon* a rencontré la barque *le Phénix*, du Havre-de-Grâce, commandée par M***, et le brick *l'Espoir*, de Nantes, commandé par un ancien capitaine de frégate dans la marine de sa majesté très chrétienne. Ces navires étaient en attente de leur chargement de Nègres, leur provision de tonneaux d'eau étant remplie, et leurs plates-formes étant toutes disposées pour recevoir leurs victimes. Croira-t-on que le capitaine de *l'Espoir* est venu à bord du *Chardon*, dans l'uniforme complet de son grade, au service de France, et qu'il a raconté entre autres choses à M. Hagan, qu'il avait eu peu de jours auparavant le plaisir de rencontrer un ancien ami et frère d'armes, dans la personne du capitaine du brick de guerre *le Huron*, commandant la station française? »

— « Durant les mois de juillet et d'août 1821, le vaisseau anglais *le Mirmidon* aperçut dans la baie de Biafra, dans le court espace de quatre semaines, seize vaisseaux négriers; un seul, le schooner portugais *l'Adélaïde*, se trouvait dans le cas où les traités permettent la saisie; il fut amené à Sierra-Leone.

— « Dans les rivières où s'assemblent les vaisseaux négriers, l'on remarque fréquemment le pavillon français; dans les mois de juillet, d'août, de septembre et d'octobre 1821, les vaisseaux anglais *le Mirmidon* et le

Shopper, ont rencontré dix-huit navires négriers ayant le drapeau blanc. Ce drapeau est tellement signalé comme favorable à la Traite, qu'il paraît certain qu'un grand nombre de vaisseaux étrangers l'arborent. »

— Le brick nommé *la Vigilante* appartenait à la marine de Nantes. Il était de 240 tonneaux, et avait à bord, au moment où il fut pris, 345 esclaves. Il était monté de 30 hommes, armé de 4 pièces de 12, lesquelles furent amenées sur un des côtés pour l'attaque. Voici les détails de cette affaire tels qu'on les rapporte.

En avril 1822, sir Robert Mends commandait, sur la côte d'Afrique, une escadre qui y stationnait par ordre du gouvernement anglais, pour empêcher les infractions aux lois relatives à l'abolition de la Traite des Nègres. Il expédia le lieutenant Mildmay, avec les embarcations de son escadre, pour faire une reconnaissance dans la rivière de Bonny, endroit où il était notoire que ce trafic avait lieu. Les embarcations ayant franchi la barre peu d'instans après le lever du soleil, à sept heures environ, six voiles (deux goëlettes et quatre bricks) furent aperçues à l'ancre, à la hauteur de la ville de Bonny. Lorsque les embarcations furent à environ quatre milles de distance, elles mirent leurs pavillons dehors; et, en avançant, on vit clairement les bâtimens négriers amarrés en travers de la rivière, avec des embossures à leurs câbles, tous armés, ayant, suivant les apparences, à peu près 400 esclaves à bord, et leurs équipages dans une attitude qui annonçait qu'ils étaient prêts à résister à toute attaque qui pourrait être dirigée contre eux. Les deux goëlettes et trois des bricks ouvrirent un feu nourri de mitraille et de mousqueterie sur les embarcations anglaises, lorsqu'elles les virent s'approcher. Aussitôt que ces embarcations se trouvèrent assez près pour que leurs coups portassent, elles répondirent au feu des bâtimens, qui tous tombèrent bientôt en leur pouvoir.

C'étaient, outre *la Vigilante*, *l'Yeanam*, goëlette espagnole de la Havane, de 306 tonneaux, 380 esclaves
à bord; *le Vicna*, autre goëlette espagnole aussi de la
Havane, 180 tonneaux, 325 esclaves à bord; *la petite
Betsy*, brick français de Nantes, 184 tonneaux, 218 esclaves à bord; *l'Ursule*, brigantin français de Saint-
Pierre-Martinique, 100 tonneaux, 347 esclaves à bord;
tous montés et armés de manière à pouvoir se battre
en désespérés s'ils étaient attaqués. *Le Théodore*, brick
français, n'avait pas d'esclaves à bord; mais ceux qu'il
devait prendre étaient à terre, et n'attendaient que le
moment d'être embarqués.

Un grand nombre d'esclaves sautèrent à la mer pendant le combat, et furent dévorés par les requins. A
bord de *l'Yeanam*, qui fit la résistance la plus opiniâtre,
les esclaves eurent beaucoup à souffrir; quatre furent
tués et dix blessés. Dans les dix blessés se trouvaient
trois femmes : une pauvre jeune fille d'environ dix ans
eut les deux jambes emportées; une autre perdit le bras
droit, et la troisième reçut un coup de feu dans le côté.
Même après avoir rendu leur bâtiment aux Anglais,
quelques uns des matelots espagnols se cachèrent dans
la cale, et armant de fusils les esclaves, les firent tirer
sur les Anglais. Le lieutenant Mildmay vit à bord de ce
bâtiment une jeune négresse de douze à treize ans environ, chargée d'une lourde chaîne de dix pieds de long,
qu'elle traînait en marchant. Il ordonna qu'elle fût à
l'instant même délivrée de ses fers; et pour que le capitaine qui l'avait traitée si cruellement pût apprécier le
supplice qu'il avait lâchement infligé à une malheureuse
enfant, innocente et sans protection, il le fit à l'instant
charger de ces mêmes fers.

La goëlette espagnole *le Vicna*, lorsqu'elle fut prise,

avait à bord une mèche allumée pendante sur le magasin à poudre, qui était ouvert. Elle avait été allumée et
placée en cet endroit par les marins de l'équipage, avant
qu'ils se jetassent à la mer pour gagner la terre à la
nage. Un des matelots anglais l'aperçut, et se hâta de
mettre son chapeau sous la mèche enflammée, et de
l'emporter. Le magasin contenait une énorme quantité
de poudre ; et une seule étincelle qui serait tombée de
la mèche enflammée aurait fait sauter 325 malheureuses
victimes enchaînées dans la cale. Ces monstres d'iniquité
eurent les plus vifs regrets, après l'action, de voir man-
quer leur infernal projet.

On ne peut imaginer dans quel déplorable état
furent trouvés les esclaves au moment de la capture
de ce bâtiment : les uns étaient couchés sur le dos,
les autres assis à fond de cale. Ils étaient enchaînés
les uns aux autres par les bras et par les jambes. Des
colliers de fer étaient autour de leur cou. Pour ajouter
encore à ces moyens atroces, une longue chaîne les
attachait les uns aux autres, et allait s'adapter à plusieurs colliers, afin que leurs maîtres fussent encore
plus sûrs qu'ils ne s'échapperaient pas de cette horrible
prison. On trouva aussi dans le bâtiment des menottes
destinées à servir d'instrumens de torture. Dans le dés-
espoir que causait aux Noirs la captivité et la souffrance,
il leur arrivait souvent de se battre les uns les autres,
et de décharger leur rage sur ceux qui étaient leurs
voisins, en les mordant et en leur arrachant la chair.
Quelques uns étaient serrés avec des cordes, et beaucoup avaient les bras horriblement déchirés. Plus de
150 moururent dans le trajet de Bonny à Sierra-Leone.

— « Un navire marchand qui arrive des Gallinas, dit
le journal de Sierra-Leone du 7 décembre 1822, nous

apprend qu'un bâtiment négrier, sous pavillon français, était à l'ancre devant la Borne au moment de son départ. Les Gallinas sont connus pour être un grand marché d'esclaves ; c'est là que vient aboutir une des principales routes qui pénètrent dans l'intérieur de l'Afrique, et c'est à ce port que sont conduits la plupart des esclaves faits entre le pays de Foulah et le cap Patmor. Nous recevons avis sur avis qu'il se trouve constamment aux Gallinas des vaisseaux français occupés de la Traite. Le dernier commandant de la station française s'en est convaincu par lui-même, lorsqu'il a visité ce point de la côte ; mais ses ordres, disait-il, ne lui permettaient point de les saisir, à moins qu'il n'y eût des esclaves à bord au moment même de la visite. Un nouveau commandant lui a succédé, et nous avions lieu d'attendre un meilleur ordre de choses. Nous espérions que le gouvernement français voudrait enfin effacer la tache qui souille son pavillon ; mais nous avons éprouvé un triste mécompte, et les amis de l'humanité gémiront de savoir que, bien que les Gallinas ne soient pas à plus de sept jours de Gorée, nous n'avons pas encore appris que la nouvelle escadre française ait une seule fois visité ce port. »

— Le numéro du 14 décembre contient une liste de trente bâtimens abordés par les embarcations du brick de S. M. Britannique le Shopper, commandé par le lieutenant Thom-Henri Rothery, entre le 5 juillet et le 4 novembre 1822. Dans cette liste nous voyons encore avec douleur trois bâtimens nantais ; la goëlette l'Espoir, capitaine Seray ; propriétaire, M. Denis : la goëlette la Marie, capitaine Gugot ; propriétaire, Gugot : le brick l'Edouard, capitaine Lioncourt ; propriétaire, M. Lancelot. Vingt-deux des trente bâtimens abordés par le Shopper étaient des négriers.

« 22 *février* 1823. — Nous offrons au public une nouvelle preuve de l'audace avec laquelle des navires français continuent à se livrer à la Traite. Le lieutenant Rothery, dans son expédition à Mesurado, a abordé les deux bâtimens ci-après :

« 2 *février, à deux heures du matin.* — Le brick français *l'Adèle*, de Nantes, capitaine Goulier, Guesdon subrécargue; propriétaire, L. Massion : vingt hommes, quatre canons, 100 tonneaux; destination la Guadeloupe et la Martinique. Le capitaine était à terre, le subrécargue remplissait ses fonctions.

« 3 *février, cinq heures après midi.* — Le lougre français *la Henriette aînée*, de Nantes, capitaine Chesnel, M. Chardonneau propriétaire; vingt-cinq hommes, six canons, 105 tonneaux; destination la Havane.

« Ce navire, dit le lieutenant Rothery, prétendit n'avoir aucune connaissance du brick avec lequel il marchait de concert, lorsque je lui avais donné chasse la veille, mais il déploya un pavillon suédois dont je l'avais vu faire usage en guise de signal pendant la chasse.

« Je m'assurai de plus, d'une manière incontestable, qu'il y avait près de terre un autre brick qui agissait de concert avec ces deux bâtimens. Le brick *l'Adèle* ne paraissait pas être disposé pour transporter des esclaves, mais il s'occupait d'en acheter pour l'autre brick et le lougre, et déjà il en avait enlevé treize des environs de Mesurado, et cent du Cap-Mont.

« Le lougre était complétement équipé en navire négrier. Ses tonneaux étaient pleins, ses provisions à bord; il était venu de France sur son lest, et au moment de l'abordage, la plus grande partie de ses esclaves étaient déjà à bord. Le capitaine essaya d'abord de les cacher, mais il finit par avouer la vérité. »

Le lieutenant Rothery, d'après ce qu'il a vu, ne doute

pas que les trois bâtimens ne fissent partie de la même expédition. Depuis le retour du *Shopper*, nous avons vérifié, d'après de bonnes autorités, que deux bricks et un lougre, se disant français, faisaient la Traite aux Gallinas, et que le lougre avait fait voile avec une cargaison complète.

—M. Lecaplain, capitaine de navire, a donné les renseignemens suivans à une réunion composée de MM. le duc de Broglie, le baron de Staël, le comte de Lasteyrie, Mark Wilks, Vernes, Ch. Coquerel, Ch. de Remusat et Zacharie Macaulay.

Il a d'abord donné communication au Comité de deux pièces relatives à la Traite opérée sur bâtimens français : l'une est un rapport dans lequel il a consigné les vues qui lui paraissent les plus propres à consommer l'abolition de ce trafic, dont aujourd'hui la ville de Nantes est le principal et presque le seul point d'armement. L'autre est un état détaillé contenant les noms, désignation et tonnage des navires de ce port qui ont déjà fait une ou plusieurs expéditions de Traite.

Diverses questions sont adressées à M. Lecaplain, à l'effet de préciser davantage les faits et moyens qui peuvent faire cesser l'état des choses.

Il lui est demandé premièrement quelles mesures préventives pourront être prises contre les navires suspects d'armement pour Traite.

Il pense que la plus efficace serait l'assujettissement à payer un cautionnement.

Interrogé s'il y avait moyen de fonder sur la structure, l'armement, la cargaison d'un bâtiment, la suspicion de destination pour Traite, M. Lecaplain a dit que la construction était un des signes les plus certains et les plus reconnaissables. Les négriers sont en général calculés spécialement pour la marche. En conséquence, la carène en est plus effilée, les dimensions plus petites : de plus, les ponts sont ordinairement ouverts, et même à claires-voies, ainsi que les écoutilles et les panneaux ; or, il est peu probable que des navires de cette forme eussent un autre objet que la Traite, la construction en étant plus coûteuse d'environ 16 pour 100, et le tonnage beaucoup moins considérable. Ces diverses circonstances sont tellement connues des gens de mer, que, sans aucun doute, l'ingénieur de la marine peut reconnaître à la vue un bâtiment négrier.

La nature de la cargaison offre un signe moins certain ; mais c'est une probabilité de plus. Cette cargaison se compose ordinairement d'eau-de-vie, de coutellerie, d'armes, telles que fusils de Traite ou autres, de pagnes, de mouchoirs de Chollet, de toiles bleues dites *guinées*, et enfin de poudre. Comme ces articles peuvent aussi servir aux échanges légitimes pratiqués par des Européens à la côte d'Afrique, il faudrait seulement que la circonstance d'un chargement ainsi composé, assujettît le navire qui en est porteur à un examen plus sévère au retour, et qu'il fût astreint à rendre compte des opérations par lesquelles il a changé une ou plusieurs fois sa cargaison.

Du reste, l'inspection nécessaire pourrait être facilement exercée, même dans l'état actuel des choses, tout bâtiment marchand, en partance, devant justifier de trois visites par trois capitaines désignés par le tribunal de commerce, visites auxquelles le commissaire de la marine a droit d'assister.

Il pourrait, en outre, y avoir quelques mesures à prendre relativement à la formation de l'équipage. Dans l'état actuel, le capitaine compose lui-même son équipage; ce n'est, il est vrai, qu'un projet qu'il soumet au commissaire aux revues qui, le plus souvent, le ratifie. Mais, dans les expéditions de Traite, les capitaines de bonne réputation se chargeant peu de ces sortes d'entreprises, ils ne figurent qu'en nom sur le rôle, et c'est celui qui est porté pour capitaine en second qui commande réellement; de cette manière, on peut naviguer sans lettres. On augmente aussi indûment l'équipage, une fois sorti du port, en prenant *par-dessus bord*, ceux qu'une embarcation conduit au bâtiment; on porte sur le journal : *pris sous voiles.*

C'est encore ainsi que les chaudières et les fers sont portés par un bateau de pêche, et chargés en mer. Quant aux pièces à eau, elles peuvent être portées en grande quantité, par un contrebandier, à la côte d'Afrique; et c'est là que se pourvoient les navires négriers.

Il a ensuite été demandé à M. Lecaplain, quelles mesures pourraient être prises au retour d'un bâtiment, à l'effet de constater s'il a été engagé dans la Traite. Il pense qu'il faudrait d'abord examiner plus sévèrement le Journal nautique. Le dépôt en est ordonné par les lois; mais c'est une mesure de pure forme : exécutée avec soin et rigueur, elle pourrait être fort utile, car il est très difficile de rédiger sans faute et sans invraisemblance un faux journal de mer qui puisse tromper un œil exercé.

On devrait, en outre, faire subir à tous les gens de l'équipage un interrogatoire détaillé et individuel, sur le but et les circonstances de la traversée. Il serait impossible que la vérité ne leur échappât point. Même aujourd'hui, ceux qui ont été employés sur un négrier, craignent beaucoup le moment de la visite; il leur est assuré, en cas de succès, une gratification de trois mois de traitement en sus, moyennant quoi ils s'engagent à nier le délit en cas de poursuite ou d'interrogatoire, c'est-à-dire qu'ils prêtent serment de se parjurer.

A ces détails, M. Lecaplain ajoute que le trafic des Noirs est presque entièrement concentré à Nantes; qu'après ce port, celui de Saint-Malo mérite le plus d'exciter les soupçons; que l'autorité à Nantes ne prête aucune connivence à la Traite, mais qu'elle n'ignore pas que la Traite se pratique; que, cependant, il dépendrait d'elle, même avec les moyens actuels, de l'abolir presque entièrement: témoin l'exemple de Bordeaux, où le zèle du commissaire aux revues est parvenu à la détruire; que, dans tous les cas, les peines portées par la loi contre la Traite pourraient être utilement aggravées; mais qu'il faudrait que ce genre de délit fût jugé dans un port autre que celui où il peut avoir été commis, ou bien dans une ville de l'intérieur..

Du reste, il est impossible qu'une expédition pour la Traite s'accomplisse sans que, soit en France, soit en Afrique, soit aux colonies, elle ne soit découverte; et sur l'un de ces trois points, il serait facile au gouvernement de tout prévenir, ou du moins de tout réprimer.

« *Du* 10 *janvier* 1824. — La Traite sous pavillon français a pris de l'accroissement sans la moindre tentative de la part du gouvernement pour la prévenir ou la punir..... Il entretient, à la vérité, un petit nombre de croiseurs près du Sénégal et de Gorée, pour protéger son commerce et ses intérêts coloniaux, puis il les représente aux gouvernemens de l'Europe comme occupés contre la Traite; et parce qu'il n'est point fait de captures, il veut faire croire qu'il n'y a point de Traite française, etc., etc.... En attendant, il n'y a jamais eu moins de trois ou quatre bâtimens de cette nation faisant des esclaves à Gallinas et à Shebar, dans tout le cours des douze derniers mois. »

« *Du* 17 *janvier*. — Nous avons peu d'informations positives sur l'extension actuelle du commerce d'esclaves pratiqué par des colons français de Gorée ou du Sénégal, dans leur voisinage respectif et dans leurs repaires habituels de Casamance, de Cacheo, avec les autres rivières et criques qui se trouvent entre Rio-Grande et le cap Roxo ; mais nous avons grande raison de croire que ce trafic n'a nullement diminué.... La dernière visite de nos croiseurs à Bissao eut lieu lorsque les embarcations du *Owen-Glendower*, sous le commandement de feu sir Robert Mends, traversèrent le canal de Bissao en février dernier, et elles trouvèrent alors la goëlette française *l'Africaine* faisant des esclaves et toute prête à partir : depuis lors, deux vaisseaux de guerre ont été vus dans le voisinage.

« Un colon qui vient d'arriver de Gallinas, dit le même journal (1), nous apprend que quatre négriers, sous pavillon de France, y sont maintenant occupés, leurs subrécargues étant à terre pour traiter. Ils n'ont point de chargement, ayant leur eau et leur bois tout prêts, et leurs plates-formes disposées de sorte qu'ils peuvent embarquer leurs esclaves et mettre à la voile peu d'heures après l'opération. Trois sont partis avec leurs cargaisons complètes dans les six dernières semaines. Le fameux Schegel qui a si souvent tiré des esclaves de Shebar, est journellement attendu pour une autre cargaison de créatures humaines. »

---

(1) *Gazette de Sierra-Leone*, n° 291, 20 décembre 1823.

— En 1822, sir Charles Stuart écrivait au président du conseil de S. M. T. C. « Pendant les mois de juillet et d'août, trois négriers français ont été vus et examinés dans la rivière Calabar ; à la même époque, la rivière de Bonny était couverte de bâtimens qui se livraient au même trafic, et déshonoraient par là le pavillon français. Quatre de ces navires avaient leur cargaison d'esclaves. Entre Sierra-Leone et le Cap-Mont, un vaisseau de la marine britannique a rencontré neuf négriers pendant une croisière de dix jours seulement. » (1)

« En quelques mois de l'année 1823, ajoute l'Institution africaine (2), il est parti du seul port de Nantes non moins de trente navires négriers. »

N° I. *Extrait d'une lettre du capitaine Percy Grace, au commodore sir Robert Mends, datée du sloop de S. M. le Cyrène, rivière de Sierra-Leone ; 7 octobre 1822.*

« Le *George Canning* est parti du Vieux Calabar le 2 août, et l'on a été informé par lui que quatre navires, sous couleur française, ont mis à la voile de cette rivière avec pleine cargaison d'esclaves, depuis le départ de *l'Iphigénie* de cette côte, et qu'un large brick, d'environ 400 tonneaux, sous même pavillon, y est arrivé dans le même dessein, deux jours avant le départ du *George Canning*. » — Le patron du même bâtiment a montré une lettre du patron du *Molly*, qui était dans la rivière de Bonny à faire le commerce d'huile, laquelle lettre est de dix jours postérieure au départ de *l'Iphigénie*, et établit qu'aucun arrivage d'esclaves n'a

_____

(1) Papiers soumis au parlement, ch. A, p. 117.

(2) Dix-huitième rapport de l'Institution.

eu lieu depuis les captures qui ont été faites par les chaloupes de *l'Iphigénie* et du *Mirmidon*. (1)

N° IV. *Extrait d'une lettre du commodore sir Robert
Mends à J. W. Croker, écuyer (secrétaire de l'amirauté), datée du vaisseau de S. M. le Owen-Glendower,
côte du Cap ; 8 août 1823.*

« Je vous prie de vouloir bien informer leurs seigneu-
ries que j'ai mis à l'ancre ici, le 31 dernier, après une
croisière de cinq mois, ayant visité avec mes embarcations, depuis que j'ai eu joint la côte, toute rivière ou
crique du Sénégal au Congo, malgré les pluies et l'in-
clémence du temps, pendant un espace de 3000 milles....
Le peu de navires que j'ai rencontrés le long de cette
immense ligne, ainsi que les informations que je reçois
de toutes parts, m'autorisent à avancer que le commerce
d'esclaves décline sensiblement là où précédemment des
flottes entières de négriers étaient occupées à ce trafic.
On ne voit plus maintenant un seul vaisseau à Bonny :
au Nouveau et Vieux Calabar et aux Cameroans, on n'a
trouvé que quatre bâtimens, dont deux français et deux
espagnols : ceux-ci ayant à bord deux cent quarante-
neuf esclaves, ont été pris par nos chaloupes. »

N° VIII. *Extrait d'une lettre du capitaine Moarsom, du
vaisseau de S. M. l'Ariane, au commodore Nourse.
— De Port-Louis, 15 octobre 1823.*

« ..... Instruit d'opérations de Traite qui avaient eu
lieu à la côte de Madagascar, j'ai jugé nécessaire d'appeler l'attention du roi Radama sur cette infraction au

---

(1) Voyez l'affaire de *la Vigilante*.

3

traité, et je me suis en conséquence dirigé sur Foule-point, où j'ai supposé qu'il se trouvait..... Je ne l'ai joint qu'à Mananhar, rade à l'O. du cap Bellones..... J'ai communiqué avec le roi par le moyen de M. Hastie, comme interprète..... Le roi m'a dit qu'il avait la plus sincère intention d'exécuter le traité conclu avec la Grande-Bretagne pour la suppression de la Traite; mais qu'il ne pouvait être partout....; que cependant il prendrait les mesures nécessaires, etc., etc.... M. Hastie m'a appris qu'il était informé, de manière certaine, qu'une goëlette française avait dernièrement transporté une cargaison d'esclaves du voisinage du fort Dauphin à Bourbon; et aussi qu'une goëlette appartenant à Maurice était venu à Bombetock, à l'effet de se procurer des esclaves pour le même marché. »

N° X. *Extrait d'une lettre de S. Th. Cochrane, capitaine du vaisseau de S. M. la Forte, au commodore sir Ed. Owen, adressée par celui-ci à J. W. Croker, écuyer. — Surinam, 10 septembre 1823.*

« J'ai l'honneur de vous prévenir que le 7 du courant, passant au-dessous de la côte de la Guyane, et approchant du port hollandais appelé Port-Orange, j'observai un brick qui était à l'ancre, et qui, à notre approche, coupa son câble et fila de toutes ses voiles loin de nous. Il fut joint et amené, et prouvé être un petit brick nommé *la Légère*, de cent quatre-vingt-seize tonneaux, venant de Saint-Thomas, en Afrique, avec trois cent cinquante-trois esclaves à bord; en ayant perdu trente en voyage, et cherchant à introduire le restant sur la côte..... Je résolus de le conduire à Surinam, pour le remettre aux autorités hollandaises..... Si le brick eût été rencontré en pleine mer, quelque suspecte que m'eût paru la

réalité de son droit à la protection du pavillon français,
je l'aurais laissé passer, quoique à regret; mais comme il
a été trouvé près des côtes d'une nation en étroite alliance
avec nous pour la destruction de la Traite, et que le capitaine m'a avoué sans hésitation que son intention était
de placer sa cargaison non seulement sur la côte hol-
landaise, mais encore dans les colonies anglaises de
Berbice et de Démérara, je n'ai pu croire qu'il pût
se réclamer de son pavillon, ni qu'aucun gouvernement pût favoriser une si évidente prostitution de ses
couleurs, etc..... Devant le gouverneur, ledit patron
a nié qu'il eût le projet d'introduire ses esclaves à Surinam, disant que seulement il voulait y faire de l'eau et
des vivres pour aller de là à la Martinique; mais comme
il avait de l'eau et des provisions pour vingt-huit jours,
la fausseté de l'allégation est prouvée..... Il a été reconnu par l'équipage que le navire avait mis à la voile
du port de Nantes, précisément dans l'état où il est
maintenant, c'est-à-dire étant à tous égards équipé pour
recevoir des esclaves à bord. Or, comme tout bâtiment
français est exactement visité par l'administration de la
marine avant de mettre à la voile, à l'effet de constater
s'il est en état de tenir la mer et de tous points convenablement équipé, ainsi qu'il résulte d'un long docu-
ment trouvé à bord de *la Légère,* et contenant une
description minutieuse de sa situation, il est impossible
qu'on n'ait pas été pleinement au fait du genre de commerce dans lequel il était destiné à s'engager..... »

Pièce jointe, N° 3. — Le sieur Paussin (Pierre), capitaine du brick *la Légère,* déclare devant nous, en
réponse aux questions : où il allait? d'où il venait? où
il avait appareillé? quelle cargaison il portait? — Qu'il
venait de Saint-Thomas en Afrique, chargé d'esclaves;

qu'il avait passé à Cayenne, et vu le pavillon flotter sur
le fort peu de jours auparavant, qu'il avait jeté l'ancre
dans la rivière Maroni, dans l'espoir de se défaire d'une
partie de sa cargaison, et n'avait pu réussir ; qu'il s'était
arrêté à un ou deux endroits, au sud-ouest de la même
place, dans le même dessein ; mais qu'il n'avait trouvé
que des cabanes de pêcheurs ; qu'en dernier lieu il avait
abordé au Port-Orange, toujours pour le même objet ;
mais que voyant flotter le pavillon hollandais, le subrécargue était allé à terre la dernière nuit, sous prétexte
d'acheter des provisions, mais en réalité pour se procurer des acheteurs de Nègres ; que le subrécargue
avait été laissé à terre, qu'il avait envoyé deux oiseaux
par la chaloupe, et fait dire que le commandant du
port ne le laisserait pas acheter des provisions sans une
permission du gouverneur, et il croit qu'il est allé à
Surinam, sous prétexte de solliciter pour des provisions, mais au fait pour se procurer des pratiques ; que
dans le cas où il ne pourrait disposer de ses Nègres en
ce lieu là, il projetait d'avancer plus loin sous le vent,
pour essayer de les vendre à la colonie de Berbice ou
Démérara, et bref, partout où il trouverait un marché.
— Daté à bord de *la Forte*; Surinam, 8 septembre 1823.

Signé, Th. COCHRANE, capitaine de *la Forte;*
E. L. RICH, commandant du *Ring-Dove;*
H. SMITH, lieutenant de *la Forte.* »

— Nous allons, en addition aux autres preuves déjà
publiées, présenter l'extrait suivant d'une lettre impri-
mée en Angleterre.

Extrait d'une lettre écrite de la Guadeloupe. — « Vous
avez ci-inclus une note qui atteste la continuation des
cruautés contre les malheureux Africains. Je vous en

garantis l'authenticité. Il y a de fortes croisières établies contre les négriers ; mais ils s'en moquent et arrivent toujours : on pourrait presque dire que les croiseurs les protégent.

« La goëlette *la Louisa*, capitaine Arnaud, est arrivée à l'Anse-à-la-Barque, quartier de Sainte-Anne, Guadeloupe, dans les premiers jours du mois d'avril 1824, avec une cargaison de 200 Nègres, restant d'une Traite de 275 qu'elle avait à bord. Le bâtiment ne pouvant comporter un si grand nombre d'hommes, le surplus a été jeté vivant à la mer par le capitaine. »

« Une lettre de la Jamaïque, du 27 décembre dernier, contient quelques détails curieux sur la prise d'un brick français ayant 460 esclaves à son bord, par la corvette anglaise *Primerose*. Il paraît qu'ils avaient été envoyés au bâtiment français des environs de Sierra-Leone, par un Irlandais dont le nom n'est point indiqué. »

— Le Journal de Sierra-Leone (*the Royal Gazette and Sierra-Leone advertisser*), dans son numéro du 21 août 1824, s'exprime à peu près en ces termes :

« Le vaisseau de Sa Majesté *le Maidstone*, commandant Bullen, a, durant sa croisière, touché à tous les ports de Traite entre Sierra-Leone et les Cameroons, et dans ces diverses rivières, le commodore a envoyé ses embarcations.... La liste des nombreux navires négriers qu'elles ont abordés prouvera que, malgré les efforts de nos croiseurs, cet abominable trafic continue à être pratiqué, et que les choses dureront ainsi tant que des ordres ne seront pas donnés de courir sus à tout bâtiment qui sera trouvé équipé pour la Traite, quel que soit son pavillon, et qu'il ait ou non des esclaves à bord. Les couleurs françaises, dès que nos vaisseaux paraissent, protégent toutes les propriétés engagées dans la Traite, qu'elles soient portugaises, espagnoles, ou de toute autre origine ; circonstance qui, jointe aux soins que prennent ces cruels brigands de ne jamais embarquer leurs victimes qu'au moment d'appareiller, rend inutile tout le zèle de nos braves matelots. *Le Maidstone* n'a point vu un bâtiment qu'il ne lui ait donné la chasse, et qu'il ne l'ait joint ; mais le premier coup de canon était un signal de hisser le pavillon de France. Et en même temps, pas un port n'a été visité sans qu'on y ait trouvé des Noirs enchaînés et prêts à être embarqués à la première occasion. Rebutés et justement irrités, la plupart de nos officiers et de nos marins ont pu voir que, nonobstant leurs travaux pour l'abolir complétement, le commerce de la Traite était horriblement florissant, et jusque sous leurs yeux. »

« *Du* 28 *août* 1824. (*N*° 3a6.) — Nous mettons sous les yeux de nos lecteurs la liste des bâtimens négriers abordés par les embarcations du vaisseau de Sa Majesté *le Maidstone.* Il est triste de penser que, dans une seule croisière qui n'a duré que deux mois, elles ont eu l'occasion de visiter 19 navires, tous engagés dans ce honteux trafic, et cela, sans que nos braves marins aient eu la permission de les gêner dans cette indigne et cruelle occupation. Dix de ces bâtimens étaient sous couleur française ; ils appartenaient à des ports de France ; et nous espérons que ce sera une nouvelle preuve (si de telles preuves étaient encore nécessaires) propre à convaincre le gouvernement de Sa Majesté très chrétienne que le coupable commerce que nous avons eu si souvent occasion de dénoncer, se pratique toujours sous la protection de son autorité, et même bien au-delà des moyens de toute autre puissance ; le tout malgré l'oppo-

LISTE des *Vaisseaux abordés par les Embarcations du Vaisseau de S. M.* le Maidstone, CHARLES BULLEN, *Esq., Capitaine.*

DATES.	LIEU où ils ont été joints.	NOMS DES Navires.	Patrons.	Propriétaires.	DÉSIGNATION.		GRANDEUR Hommes.	Canons.	Tonn.	LIEUX du départ.	de destinat.	d'origine.	OBSERVATIONS.
Mai. 10	Devant Gallinas.	Feliciana.	Gomez.	»	Schooner.	Espagnol.	32	3	135	La Havane.	Côte d'Afr.	La Havane.	Cargaison de cotonnades imprimées, huile de palmier, etc.
22	—le cap Trois-Pointes.	Felicidade.	J. de Vallé.	W. Almeida.	Brigantin.	Portugais.	18	»	180	Brésil.	Malembo.	Saint-Salvador.	Cargaison: farine, tabac, etc; passeport du gouvernement brésilien l'autorisant à recevoir 353 esclaves de Malembo.
Juin. 17	—la rivière de St.-Nicolas.	La Théonie.	Bouchet.	Le Mercier.	Schooner.	Français.	22	4	154	Nantes.	Saint-Thomas.	Nantes.	Cargaison générale de Traite. Abordé le 18 juin dans la rivière de Bonny, où il essayait de rester pour prendre un chargement d'esclaves.
18	—Ibid.	L'aimab. Henriette.	Boissel.	Chardonneau.	Brick.	Id.	20	4	138	Saint-Jago de Cuba.	Ib.	Ib.	Vu le 22 juin au Vieux-Calabar avec la même intention.
16		L'Orphée.	Coquet.	»	Navire.	Id.	50	10	350	Nantes.	Seychelles.	Ib.	Ceux-ci, avec les autres bâtimens français arrêtés dans la rivière, étaient disposés pour recevoir des esclaves, et en pouvaient bien emporter en tout envir. 3,000.
Id.	A l'ancre dans la rivière de Bonny.	La Diligence.	Auger.	»	Brick.	Id.	23	2	198	Ib.	Ile de Fran.	Ib.	
Id.		La Pauline.	Planté.	»	Id.	Id.	22	4	186	St.-Thomas.	St.-Thomas.	Bordeaux.	
Id.		La Sabine.	Fretor.	»	Navire.	Id.	32	2	269	La Havane.	Ib.	Ib.	Préparé pour 200 femmes et 300 hommes, lorsqu'on le visita. Il y avait déjà 300 esclaves au moins de prêts.
Id.	Id.	L'Hippolyte.	Boyrie.	»	Schooner.	Id.	13	1	95	Martinique	Martinique	Martinique	Disposés pour prendre des esclaves.
Id.	Id.	La Caroline.	Hurit.	Brigand.	Id.	Id.	11	»	53	Ib.	Ib.	Ib.	
Id.	Id.	L'Atalante.	Pourpont.	Suli.	Id.	Id.	15	2	101	Ib.	Brésil.	Ib.	Il avait été pillé par un brick de 14 canons qui croise devant les îles de Curaçao, et dont le nom est inconnu.
Juin. 22	—Dans le Vieux-Calabar.	Le Louis.	Liseau.	»	Brick.	Id.	25	6	206	Guadeloup	Ile du Prince.	Ib.	Conduite insolente à l'égard de ceux qui l'ont visité.
Juill. 11	Devant Badagry.	Aviso.	Louis Pacheco de Silva.	Adrien da Costa Carvalho.	Id.	Brésilien.	33	»	231½	Bahia.	Malembo.	Bahia.	Cargaison de tabacs, étoffes, etc; apprêts évidens pour la Traite.
Id.	Ibid.	Les deux Amis Brésiliens.	Ant. da Varez da Silva.	Antonio Masques de Carvalho et com.	Schooner.	Id.	32	»	146	Ib.	Ib.	Ib.	Sucre et beurre. Il avait débarqué plus de la moitié de sa cargaison.
13	Dev. Whydah.	El Conquistador.	Nicol. Escala.	Jose de la Cuesta.	Brick.	Espagnol.	51	10	193	La Havane.	Ile du Prince.	La Havane.	Le 9 juillet, il avait reçu du brick portugais l'Alliance une grande quantité de tabac; mais aucun reçu n'a pu être produit.
Id.	Ibid.	La Ninfa Habanera.	T. Loureyn.	T. Loureyn.	Schooner.	Id.	47	3	150	Ib.	Côte d'Afr.	Ib.	Très suspect, ainsi que le précédent, d'être des pirates en rapport avec le Romano, qui a commis divers actes de piraterie sur la côte.
Id.	Ibid.	Seraflina.	»	»	Id.	Id.	23	2	92	Ib.	Iles du Cap-Vert.	Ib.	Point de cargaison à bord.
Id.	Ibid.	Caridade.	Jean Antonio de Faria.	Ant. de Pardue de Cupha Pimentel	Id.	Brésilien.	25	»	88½	Bahia.	Malembo.	Bahia.	Tout disposé pour la Traite.
Id.	Ibid.	Primeara Estrella.	Jose Roiz.	Vic. de Paula Silva.	Id.	Id.	20	»	64¼	Ib.	Ib.	Ib.	Cargaison de tabac.

sition des lois prohibitives de la France. Voici donc la
preuve la plus incontestable de l'inefficacité de ces lois,
soit qu'elles ne répondent point à leur objet, soit que
ceux qui sont chargés de les faire exécuter les pervertissent indignement. Tous ces navires étaient munis de
papiers français, et l'objet de leur voyage avoué de la
façon la plus ouverte, et pour ainsi dire avec orgueil,
par quelques uns des patrons, qui, lorsque nos officiers
vinrent à bord, leur expliquèrent comment leurs victimes seraient rangées, quelle partie du vaisseau était
destinée à chacune, quel nombre ils se proposaient d'en
emporter; enfin tous les horribles détails de leur entreprise. Les faits ici parlent d'eux-mêmes, et si le gouvernement français ne s'entremet pas une fois enfin d'une
manière plus décidée qu'il ne l'a fait encore, le monde
devra penser, ce qui, nous le craignons, hélas! n'est
que trop vrai, que cette grande nation éprouve quelque
répugnance à abolir ce trafic odieux. » (Voyez *le tableau
ci-joint.*)

« 11 *septembre* 1824. — Nous apprenons qu'il stationne maintenant dans le Shebar un brick français de
la Martinique, défuné, nom inconnu, monté de vingt-
cinq hommes, et destiné à emporter quatre cents esclaves, dont deux cents doivent être fournis par
James Tucker, cent par Pa Cuba, résidant au village de
Debia, et le reste par les chefs de Sherbro. Nous n'avons
point su le nom du patron de ce négrier; mais on rapporte qu'il est envoyé à la Côte par un capitaine Gic-
queld, qui est bien connu pour avoir fait onze voyages
avec un plein succès pour cet horrible trafic, par lequel
il s'est élevé, grâce à ses honteux profits, de la position
d'un simple bosseman à la fortune dont il jouit maintenant. On s'attendait que ce bâtiment quitterait vers la

fin du présent mois avec sa misérable cargaison; et au moment du séjour de celui qui nous donne ces renseignemens, négociant recommandable et d'une véracité digne de notre confiance, plus d'une centaine de ces malheureux étaient déjà dans les fers, prêts pour l'embarquement à *Tucker's Place*. Nous regrettons de n'avoir pu obtenir des détails plus satisfaisans sur le nom du vaisseau et de son capitaine; mais le secret et le silence que l'on garde en présence des nôtres lorsqu'un négrier est sur les lieux, rend très difficile d'obtenir ces particularités; ajoutez que ces noms sont fréquemment changés.... Ainsi, les sujets de Sa Majesté très chrétienne, non contens de se livrer à leur commerce illégal, dans les larges rivières de la Côte sous le vent, ont la hardiesse de venir le pratiquer à 70 milles de cette colonie. (Journal dudit jour, n° 328.)

« *Du 20 novembre 1824.* — La Traite française s'est considérablement accrue dans les rivières de Bonny et du Vieux-Calabar. Plusieurs nouveaux navires sont arrivés, et quelques uns chargés de leurs cargaisons complètes, sont repartis, portant pavillon blanc et montés par des marins français, quoique le capital embarqué soit ostensiblement espagnol. Pour faire juger à nos lecteurs de la barbarie de ces sujets d'une nation éclairée qui les désavoue, nous leur dirons que *le Louis*, commandé par un nommé Oiseau, en complétant sa cargaison d'esclaves dans le Vieux-Calabar, il y a quelques semaines, a entassé la totalité de ces malheureux dans l'entrepont, c'est-à-dire dans un espace de 3 pieds seulement (914 millimètres, 2 pieds 7 pouces 9 lignes), et puis fermé les écoutilles pour la nuit. Lorsque le jour est revenu, on a trouvé que 50 de ces pauvres victimes avaient expiré dans cette atmosphère étroite et empestée. Alors le commandant a ordonné froidement de jeter leurs corps dans la rivière, et s'est occupé immédiatement à terre de compléter son exécrable cargaison par des achats nouveaux de créatures humaines. » (Journal dudit jour, n° 338.)

« Dans la nuit du 28 septembre, deux grandes goëlettes, l'une sous pavillon français, l'autre espagnole, qui étaient à l'ancre depuis quelques jours, en vue du Mesurado, chassèrent sur leurs ancres, et échouèrent à terre à une portée de pistolet l'une de l'autre, et environ à un mille et demi au nord de l'établissement américain, où cinq jours plus tard elles devaient venir pour des réparations. L'équipage du bâtiment français se confiant dans le caractère des naturels, fut dépouillé de tout ce qu'il possédait, tandis que les Espagnols, au nombre de 28, qui cherchèrent la protection de l'établissement américain, sauvèrent de la ruine de leur vaisseau, corps, espèces, denrées, voiles, cordages, pour une valeur d'environ 6000 dollars. Ces hommes, à l'exception de douze qui moururent des fatigues et des inconvéniens de leur position, et de trois qui sont demeurés, ont passé de la Côte à bord des négriers espagnols et français du Cap-Mont, où ils ont été conduits sur de grands canots par les soins du résident de la colonie américaine. Les Français, qui étaient dans une telle détresse qu'il leur fallait réclamer la charité des colons, ont aussi été emmenés par un brick de leur nation. Ces deux négriers étaient récemment arrivés à la Côte où leur désastre eut lieu. L'espagnol se nommait *la Biscayenne,* capitaine Andréas Do Mina, de la Havane, et le français, *l'Achille,* patron Dutertre, de Nantes.

Les nouveaux bâtimens de Traite sont maintenant à l'ancre dans le Shebar; savoir, dit-on, un schooner espagnol, un brick portugais et une corvette française. »

— Voici en outre un extrait du *Morning-Herald*, du mardi 28 décembre 1824, réimprimé par les soins du Comité que la Société religieuse des Amis a formé pour travailler à la complète abolition du trafic des esclaves.

« *Milford, Galles du sud*, 14 *décembre* 1824. — Hier dans l'après-midi est arrivé le brigantin *le James*, capitaine Pince, venant de Bonny dans le golfe de Guinée, place qu'il avait quittée vers le 15 septembre, avec une cargaison de vin de palme, d'ivoire, etc. Le capitaine Pince raconte qu'avec lui naviguait de conserve un grand brick sous pavillon français, avec environ 500 esclaves, destinés probablement pour les Indes occidentales, et qui devaient y être introduits en fraude; que de plus, il avait vu en mer, à Bonny, vers le 1er septembre, une belle corvette française, avec plus de 600 esclaves à bord, pour l'île de Bourbon. Cette corvette avait 22 canons, une grande quantité d'hommes, dont 40 environ étaient des marins anglais, et elle était commandée par un officier de la marine française.

« Environ dix jours avant que le capitaine Pince mît à la mer, il arriva à Bonny trois brigantins remarquablement beaux, de première classe, venant directement de Nantes, et sortis de ses chantiers; chacun de ces brigantins devait prendre au-delà de 500 esclaves. Pendant la station du capitaine Pince à Bonny, il y avait environ 20 négriers sous pavillon français. »

Le renseignement précédent est confirmé par les extraits suivans de lettres reçues de deux personnes respectables qui avaient conversé sur ce sujet avec le capitaine Pince. La première lettre datée de Milford, Galles du sud, le 11 de janvier, et la seconde de Liverpool, le 29 du même.

Premier Extrait. « Le capitaine Pince a long-temps trafiqué dans la rivière de Bonny; c'est un homme intelligent, et qui paraît avoir eu connaissance parfaite de plusieurs commandans des négriers français qui s'y trouvaient et de la plupart des horribles pratiques de leur commerce. Il m'a conté qu'il avait dit par plaisanterie au capitaine d'un de ces bâtimens, stationné dans cette même rivière, qu'il trouverait un vaisseau de guerre français pour le prendre quand il sortirait, et qu'à cela l'officier lui avait répondu : « Non, si un vaisseau de guerre français me voit, il ne fera que de fausses démonstrations, ou changera de route pour me laisser échapper. »

Second Extrait. « Le capitaine Pince paraît être un homme intelligent qui a été élevé dans la marine, mais qui depuis beaucoup d'années s'est occupé du commerce d'Afrique. Il a établi que durant son séjour à la rivière de Bonny il ne s'y trouva jamais guère moins de 12 ou 13 négriers français ; qu'ordinairement il en arrivait de France tous les deux ou trois jours, et dans les derniers temps, à peu près tous les jours ; qu'ils sont bien faits, d'un nouveau modèle, construits pour la marche si parfaitement, qu'aucun des vaisseaux du roi ne peut les atteindre, et de plus fortement armés.

« Il dit qu'il était généralement entendu par les navires français réunis là, que leurs croiseurs ne les toucheraient pas, et qu'ils paraissaient n'avoir aucune crainte sur ce point ; qu'en approchant de la côte d'Afrique cette fois, il passa en poupe de *l'Hébé*, frégate française, au moment où trois négriers français étaient en vue, mais qu'elle ne prit aucune connaissance de ces bâtimens, quoiqu'ils fussent dans une telle position, et la direction du vent telle qu'il eût été en son pouvoir de les faire amener à sa volonté. Il aurait désiré parler avec le capitaine, mais celui-ci semblait désireux de l'éviter.

— « *Surinam*, *Paramaribo*, *le* 21 *juin.*—Le tribunal de cette colonie a prononcé, le 6 de ce mois, sa sentence dans une affaire de l'office-fiscal, contre les nommés M. Boullemer et P.-M. Le Frapper, prévenus d'avoir clandestinement introduit un certain nombre de Nègres de la côte d'Afrique, à bord du schooner français *la Franchise.* Ces individus ont été, aux termes de l'arrêté royal du 17 septembre 1818, condamnés à une détention de cinq années, aux frais, et déclarés infâmes.

« Le sieur H. Dykman, directeur de la plantation A-la-Bonheur, où, le 29 janvier, la justice arrêta les deux individus susdits et trouva les deux cent douze Nègres qu'ils avaient importés, a été, à cause de sa conduite imprudente, condamné seulement à une amende de 3,000 florins et au tiers des dépens.

« La sentence ne stipule rien à l'égard des Nègres saisis ; ces hommes, ayant immédiatement après été mis à la disposition du gouvernement, sont employés comme ouvriers volontaires au service de l'état, aux travaux du fort New-Amsterdam.

« Dans une séance précédente, le même tribunal a prononcé dans l'affaire qui a causé tant de rumeurs, du subrécargue, du capitaine et de l'équipage du négrier français *la Légère*, arrêté par sir Thomas Cochrane, commandant d'une escadre anglaise, au mois de septembre dernier, dans les eaux du Port-Orange, et livré à notre gouvernement. Par jugement du 13 décembre 1823, les individus impliqués dans ce procès avaient été acquittés de l'accusation de faire la Traite; mais le tribunal avait décidé que le navire, avec les trois cents Nègres qui se trouvaient à bord, serait convoyé vers une des possessions françaises.

« Le subrécargue, J.-M. Bled, ayant, à ce qu'il paraît, voulu se soustraire au convoi, avait trouvé moyen de faire nuitamment débarquer la plus grande partie des Nègres, et de les cacher dans une plantation au *Jonkermans-Kreek*, où il se rendit lui-même, ainsi qu'un nommé J. Pallu; mais y ayant été découverts, ces deux individus furent reconduits à Paramaribo. Le subrécargue et ceux qui avaient prêté la main à transporter les Nègres et à les cacher, furent de nouveau mis en jugement, comme prévenus ou complices du trafic des Nègres. Bled et Pallu ont été déclarés coupables du crime de rébellion, et condamnés au bannissement à perpétuité de la colonie.

—Dans les derniers papiers imprimés par ordre de la Chambre des Communes, nous remarquons une lettre du vice-amiral sir L. W. Halsted, commandant la station de la Jamaïque. Il y donne connaissance aux lords de l'Amirauté d'un rapport du lieutenant John Cawley, commandant le cutter de S. M. *Grecian*, qui annonce que dans le mois de janvier dernier il a avisé et visité, aux environs de l'île de la Tortue, deux croiseurs colombiens, dont l'un a été reconnu pour un bâtiment de Saint-Jago de Cuba. Sa construction et son armement, dont il joint une description détaillée, ainsi que la pièce suivante trouvée à bord, ne laissent point de doute sur sa destination.

« *Saint-Jago de Cuba*, 12 *décembre* 1824. — Sous les

auspices de M. Couronneau de Bordeaux, notre ami, nous avons l'honneur de vous offrir nos services pour cette place. Vous savez, messieurs, que l'avantage que présente notre marché pour le débit de l'ébène (1) lui assure la préférence sur toute autre de nos colonies, et cette circonstance, nous l'espérons, vous engagera à y envoyer quelques chargemens de cette espèce. Nous avons reçu cette année un grand nombre de cargaisons de cet article, au compte des négocians de Nantes, et vers la fin de janvier nous attendons ici d'autres vaisseaux partis de ce dernier port. Toutes nos ventes ont été couronnées d'un heureux succès ; les crédits les plus longs sont de quatorze mois. Il est toujours assez difficile d'avoir de l'argent ; mais en faisant des sacrifices, on peut encore réussir à recouvrer le montant de l'armement ; nous devons cependant vous dire que notre ville est une de celles où les paiemens sont le plus ponctuels, et notre dernier compte de vente a laissé un capital de plus de la moitié en caisse, et le reste en effet à douze mois de date. La dernière cargaison vendue ici est celle de *la Henriette* de Nantes. 323 souches (2) se sont trouvées au débarquement, déduction faites de celles qui étaient endommagées, à 225 dollars chacune, payables partie en argent comptant, partie en effets de huit mois, partie en effets de vingt. Cette marchandise était d'une qualité fort ordinaire, et avait beaucoup souffert ; en vous délivrant de la cargaison

---

(1) C'est le nom que, dans l'*argot* de leur métier, les négocians négriers donnent aux Nègres ; on les appelle également, à Nantes, du *bois-noir ;* peut-être même est-ce le nom que le traducteur anglais a rendu par *ebony.*

(2) Voyez la note précédente.

en une *fois*, vous pouvez faire une bien meilleure affaire. Jusqu'ici ces bâtimens ont touché à la petite baie
de Uragua-Grande, située à six lieues de la pointe du
Morro; c'est un lieu où le débarquement est facile et
s'effectue convenablement. Après le débarquement, le
vaisseau entre dans le port, et le. . . . . regagne
la plantation où ils sont très bien. . . . . . (1). C'est
de cet endroit que les vaisseaux doivent s'efforcer d'approcher, en usant en même temps de beaucoup de
précaution à cause des croiseurs. Ils doivent se garder
de reconnaître Guantanamo, et, en avançant le long de
la côte, ils doivent passer au sud de Saint-Domingue et
garder le large. Si en touchant Uragua ils découvrent
un vaisseau suspect, ils doivent immédiatement tendre
vers Morro, et jeter l'ancre sous le fort en faisant leurs
signaux. Là ils recevront des instructions relatives au
lieu où ils doivent aborder, et ils peuvent sans incon-
vénient envoyer une embarcation à terre; le commandant, qui nous est dévoué, lui remettra une lettre d'in-
struction pour le capitaine. Dans le cas où l'on donne-
rait la chasse au navire, il serait bon qu'il continuât
sa course sous le vent, jusqu'à une petite baie appelée
Assaradero, qui est située à environ six lieues du fort
Morro, où il trouverait assistance, en observant que
dans le cas d'un danger imminent, on peut courir à
terre dans la première petite crique qui se présente; il y
a là toujours des Indiens par lesquels on peut envoyer
une lettre à la ville. Lorsqu'une fois la cargaison est à
terre, tout risque est passé. Nous avons aujourd'hui à
vous communiquer une circonstance qui sans aucun
doute vous intéressera autant que nous.

---

(1) Mots en blanc dans l'anglais, et qui apparemment n'ont
pu être déchiffrés.

« Le brick *les Deux Nations*, capitaine Pettier, qui a été dernièrement capturé par un croiseur anglais, au moment où il a paru devant Uragua avec une cargaison d'ébène, et par suite conduit à Kingston, a été relâché, l'amiral ayant déclaré que personne n'avait le droit de prise sur le pavillon français; en conséquence de cela, le brick est revenu à Uragua où il a débarqué 456 souches. Si le bois avait été bon, il aurait fait une belle affaire; mais vu le mauvais état de la masse de la cargaison qui avait beaucoup souffert, c'est une vente du dernier ordre. La libération du bâtiment nous offre l'assurance que désormais notre pavillon sera respecté. Les trois vaisseaux qui étaient en croisière devant notre côte ont été immédiatement rappelés à la Jamaïque. Quant au pavillon hollandais, il n'y a qu'un seul vaisseau de guerre anglais dans notre latitude qui soit commissionné pour le capturer. Ce droit est entièrement refusé aux autres.

« Nous considérons en conséquence qu'il n'y plus aucun risque dans nos parages, et que les bâtimens peuvent se présenter en toute sûreté devant Uragua, où nous entretenons constamment un pilote. Les ventes d'ailleurs ne rencontrent aucune opposition, et s'opèrent jusqu'à un certain point publiquement.

« Notre café est toujours en baisse, personne ne veut le payer actuellement plus de neuf ou neuf et demi pour la meilleure qualité; de très beau a été vendu dernièrement à huit et huit et demi.

« Nous avons l'honneur de vous saluer.

« *Signé*, L. Dutocq et compagnie. »

« *A MM. Bannaffe et Larivière, à la Pointe-à-Pitre, Guadeloupe.* »

—Le cutter *les Deux-Sœurs*, de la Martinique, armé

par M. Hippolyte Delaroche, de Saint-Pierre, et commandé par Henri Mornet, naviguait avec un rôle d'équipage de neuf hommes, un port de quarante-un tonneaux, et cent trente-deux esclaves à bord, lorsqu'il fut pris, le 15 janvier dernier, par M. Perceval, écuyer, collecteur et officier de la marine, dans le port ou la rade d'une des îles de Loss. Il paraît qu'il avait recueilli sa cargaison à l'embouchure de la rivière de Boom ou de Shebar, principalement à la factorerie de Jam Tucker, espèce de courtier de Noirs très fameux sur cette côte. Sur le livre de cargaison figuraient toutefois les noms de deux de ses frères, John et Henri Tucker, de Henri Caulker, de A. Salmon, de William Skinner, du roi Couba et Carri son frère. Ce sont là ceux qui l'avaient fourni de Noirs, lesquels étaient désignés tantôt sous le nom de *bûches*, tantôt sous celui de *fagots*.

Le fret de la cargaison s'élevait à 36,721 francs 10 sous, et le tout était destiné pour la Martinique. On prétendait venir des îles du Cap-Vert, quoiqu'il parût qu'on n'y avait point touché en venant au Shebar. Depuis le moment où l'on avait quitté ce point, le journal de mer ne contenait d'observations que pour vingt-quatre heures. Il paraît que deux jours environ après qu'on eut perdu la terre de vue, les esclaves s'étaient soulevés. De la déposition assez peu claire de l'un d'eux, il résulte qu'après avoir mis à mort une partie de l'équipage, ils avaient permis au reste, c'est-à-dire au capitaine et à deux hommes de manœuvrer le bâtiment, et de les conduire à la terre la plus voisine; qu'ils avaient joint les îles de Loss et passé outre, deux jours avant de voir l'embarcation qui les captura, et que, dès que le capitaine l'aperçut, il fit courir le navire et essaya de s'échapper.

Le capitaine, de son côté, a prétendu n'être pas capable de signer son nom, quoiqu'on ait trouvé à bord

4

des lettres signées de lui, adressées au capitaine en second Durand, qui est mort dans le Shebar. Il disait
aussi ne point entendre la navigation, et n'avoir point
reconnu quelle terre était devant lui, en vûe des îles
de Loss. Enfin, il a déclaré qu'il était pour moitié propriétaire du bâtiment et des esclaves, quoique les papiers de bord en attribuassent toute la propriété à Hippolyte Delaroche, ajoutant que les Noirs devaient être
débarqués à la Martinique.

Le jugement de l'amirauté du 4 avril 1825 a donné
gain de cause aux capteurs, et déclaré le bâtiment de
bonne prise. Ce jugement paraît régulier, le cutter ayant
été pris, comme on l'annonce, dans la rade de l'île de
la Factorerie. (Iles de Loss.)

Ce navire était antérieurement *la Vesta*, de Bristol;
il a été depuis enregistré à Saint-Pierre, sous le n° 465,
le 20 juin 1823. Comment y est-il venu? C'est ce dont il
n'appert point. Il a quarante-trois pieds de long, treize
de large et sept de hauteur. C'est dans cet espace qu'on
avait entassé cent trente-deux Nègres, et la chose était
en tout conforme aux intentions de l'armateur; des
pièces authentiques en font foi.

— Le *Courrier* publie l'extrait suivant d'une lettre
d'un officier du *Maidstone*, datée de Prince's-Irland,
côte d'Afrique, le 12 septembre.

« L'escadre a fait plusieurs prises. Il y a quelques
jours, après une longue et pénible chasse, nous sommes
parvenus à nous trouver le long du bord d'une grande
corvette française, *l'Orphée*. Ce bâtiment avait une cargaison de sept cents esclaves, et dans un état déplora-
-ble. Ils étaient enchaînés au pont par le cou, par les
jambes, et, pour ajouter à l'horreur de cette situation,

les fers étaient rivés. *L'Orphée* était destinée pour la Martinique. »

— « Le schooner négrier *le Bey*, pavillon hollandais, patron Woodside, saisi par le vaisseau de sa majesté *le Maidstone*, commodore Bullen, est arrivé dans notre port sous la garde de M. George A. Nixon, contre-maître du même navire. Ce vaisseau a été pris le 19 mai, proche la rivière de Gallinas; il n'était point chargé d'esclaves, mais manifestement disposé pour en recevoir. Au même ancrage, le commodore a trouvé quatre bâtimens sous pavillon français, et un sous pavillon espagnol..... En passant, il dépêcha ses chaloupes dans le Sherbro. Elles y surprirent quatre négriers français. Effectivement, on dit que cet abominable trafic s'accroît chaque jour sur la côte qui s'étend entre la nôtre et le Cap-Mont, principalement, ainsi que nous l'avons déjà plusieurs fois fait observer, sous la protection du pavillon blanc. » (*Gazette royale de Sierra-Leone*, 28 mai 1825.)

« *Samedi* 11 *juin*. — Des nouvelles récemment arrivées du Rio-Nunez, nous apprennent que deux bâtimens, l'un français, l'autre portugais, ont paru dans cette rivière pour y faire cargaison d'esclaves. Cet arrivage a, sans aucun doute, été causé par l'heureux départ avec cargaison complète, des deux vaisseaux qui s'y trouvaient il y a peu de temps. (*Idem*, 9 juillet 1825.)

« *Samedi* 28 *juillet*. — Le navire de la compagnie des Indes orientales, *le Roxburgh-Castle*, commandé par George Denny, destiné pour la Chine, est entré samedi dernier dans le port de Free-Town, conduisant avec lui un brigantin français, *l'Éléonore*, dernier patron Mourailleau, qu'il avait rencontré le 7 courant à environ six cents milles à l'ouest dudit port, latit. 10, 30 N.; et paraissant en détresse, ayant perdu son patron et le troisième officier, et le second capitaine étant malade, ainsi qu'une partie de l'équipage. Il paraît, examen fait, que ce bâtiment avait pris en cargaison cent trente-cinq esclaves au Shebar, environ trois semaines auparavant, qu'aussitôt après son départ de cette rivière, le capitaine s'était trouvé fort mal, et qu'il n'y avait, dit-on, personne à bord capable de prendre la position du bâtiment. En conséquence, le capitaine Denny rapporte qu'il aurait été prié par l'équipage de se charger du navire, ce qu'il aurait fait immédiatement; et comme Sierra-Leone était le port le plus voisin, il aurait placé un officier et sept hommes à bord du brigantin, avec ordre de gouverner vers ce point. Immédiatement après leur arrivée, le bâtiment a été saisi par l'autorité de S. Exc. le gouverneur en chef, pour violation des lois anglaises sur l'abolition. » (*Idem*, 28 juillet 1825.)

Voici des extraits d'une lettre qui exprime naïvement les pensées et les sentimens de cette espèce d'hommes qui se livrent avec tant de tranquillité de conscience à un commerce pire que la piraterie. Nous ignorons à qui elle est adressée; on l'a trouvée à bord de *l'Eléonore*, mais l'enveloppe s'en est malheureusement égarée. Il n'est pas douteux qu'elle ne dût porter la suscription de quelque armateur de la Martinique.

«*Shebar*, 15 *juin* 1825. — Monsieur, vous avez sans doute reçu ma lettre de Gorée, en date du 13 mars, dans laquelle je vous annonçais ma saisie par le brick de Sa Majesté *le Dragon* (1). Je quittai Gorée le 15 de mars, et

---

(1) Cette lettre est signée *Rejou;* son bâtiment et le cutter *le Colibri.*

j'arrivai à Saint-Louis le 20. Immédiatement après mon arrivée, je rendis visite à M. Hugon, le gouverneur : il est capitaine de frégate, ami de mon frère, et il était fâché de me voir dans une telle situation. Il me dit qu'il ne pouvait rien faire pour moi, attendu qu'il ne faisait point partie du tribunal, mais qu'il prierait ces messieurs d'accélérer mon procès, lequel, dans le fait, n'a duré que deux jours; de sorte que, le 26, je fus acquitté sans indemnité, nonobstant tous mes efforts, car je me suis défendu moi-même dans tous les interrogatoires et au jugement. Aux conclusions, j'ai réclamé 10,000 fr. pour un retard dommageable au vaisseau et qui prolonge le voyage. J'ai demandé que mes hommes me fussent rendus, et que je ne fusse pas responsable des risques du bâtiment, jusqu'au-delà de la barre du Sénégal. La cour, en ayant délibéré, a ordonné la restitution du bâtiment et de mes papiers sans indemnité, m'autorisant à continuer mon voyage sans payer aucun des droits du port, qui se seraient élevés à 80 ou 100 piastres........ M. Latraite, capitaine de vaisseau commandant la station, arrivait de Bonny, où il avait pris deux bricks de Nantes et une goëlette de la Martinique, *l'Antonia. Le Dragon* a pris six bâtimens, trois bricks de Nantes et trois goëlettes de la Martinique, *la Marie-Magdeleine*, *l'Hippolyte* et nous.

« Tout ce qui a été au Sénégal a été acquitté, excepté *l'Hippolyte*, dont nous ne savons rien encore, mais nous sommes certains qu'elle sera condamnée, le capitaine s'étant révolté, mais il a été pris le lendemain par *le Dragon* (1). M. Latraite, qui m'a clairement donné

(1) Le correspondant a encore trop présumé de la sévérité des tribunaux du Sénégal, qui, d'après son aveu, ne punissent le délit de Traite que lorsqu'il est accompagné de ré-

à entendre qu'il n'était en rien ignorant de l'objet de mon voyage, m'a dit à mon départ : « Soyez prudent, et « regardez bién autour de vous. » J'ai compris cela plus tard ; car, huit jours après mon arrivée ici, *le Dragon* croisait au large. Mais nous ne sommes pas à l'abri d'être visités : car, le 17 du mois dernier, nous avons été abordés par trois chaloupes appartenant à une frégate anglaise ; ils ont pris connaissance de nos papiers. J'ai quitté Gorée le 9 avril, et suis arrivé ici le 17. J'ai trouvé ici cinq bâtimens, une goëlette espagnole qui est venue ici traiter pour du riz, *la Louise , la Coquette, la Caravane* et le brick-goëlette *l'Eléonore* par lequel je vous écris...... » (Même journal, du 20 août 1825.)

Extrait d'une lettre de Londres.

« Ce qu'on nous mande de Nantes fait dresser les cheveux sur la tête. Votre gouvernement ne rougit-il pas de tolérer de pareilles horreurs ? nos nouvelles de la côte d'Afrique sont parfaitement d'accord avec les vôtres. Le pavillon français se montre aussi fréquemment que jamais dans ces parages. Le long de la rivière de Sherbro, au sud de Sierra-Leone, la misère et la dévas-

---

volte. Le capitaine Blais, commandant la goëlette *l'Hippolyte,* a bien été condamné en première instance comme coupable d'avoir armé pour la Traite des Noirs ; mais le conseil d'appel a cassé l'arrêt sur le motif que la Traite n'avait pas été entièrement consommée ; nouvelle jurisprudence contraire à tous les principes du Code pénal , et qui acheverait de rendre illusoire notre loi contre la Traite. Le procureur du roi a appelé de ce jugement, et le 14 janvier 1826 la cour de cassation en a fait justice en renvoyant le prévenu pardevant la cour royale de Paris.

tation produites par les encouragemens que les négriers français donnent aux violences et à la rapine, dépassent toute description. Les marchands indigènes sont devenus si avides de victimes, que plusieurs colons de Sierra-Leone qui s'étaient rendus au Sherbro pour s'y livrer à leur commerce paisible, ont été saisis et vendus comme esclaves. Cet acte de violence outrageante a excité l'indignation du gouverneur de Sierra-Leone. Il s'est rendu au Sherbro dans le mois de septembre pour mettre un terme à de pareilles iniquités, et pour demander réparation. Il assembla les chefs, il leur exposa que leur conduite envers les colons qu'il était chargé de protéger l'obligerait à des mesures hostiles; mais qu'il n'y aurait recours qu'avec une extrême répugnance. Il insista sur l'état déplorable de leur pays en proie à tous les genres de malheur, et les supplia d'adopter, dans leur propre intérêt, les moyens de mettre un terme à de tels fléaux. Les chefs parurent fort touchés de ces représentations; le jour suivant ils revinrent déclarer qu'ils sentaient toute la force des raisonnemens du général Turner, et qu'après une longue délibération, ils ne voyaient pas d'autre manière de se délivrer de la funeste influence des négriers, que de céder la souveraineté de leur pays à la Grande-Bretagne. En conséquence, ils conjurèrent le général de les prendre sous sa protection, d'arborer le pavillon anglais, et de proclamer la loi anglaise qui punit de mort le crime de Traite. Après beaucoup de discussions, l'arrangement fut conclu, et tout le pays qui s'étend à cent vingt milles au sud de Sierra-Leone, fut déclaré dépendance de cette colonie et possession anglaise. Pendant cette transaction cinq bâtimens négriers français étaient à l'ancre dans la rivière. Lorsque le traité fut conclu, le général Turner leur donna ordre de mettre à la voile sur-le-champ, mais sans leurs esclaves. Il leur déclara que son intention n'était point de les molester, mais que si désormais aucun bâtiment d'un pays quelconque revenait faire la Traite dans ces parages, la loi anglaise qui assimile la Traite à la piraterie et la punit de mort, serait infailliblement mise à exécution. Les cinq bâtimens partirent en conséquence. — On ne sait pas encore quel sera le résultat de cette singulière transaction, ni même si notre gouvernement la ratifiera. La ligne de côtes qui est devenue ainsi l'objet d'une cession volontaire et sans effusion de sang, comprend le Sherbro et le Shebar, et s'étend presque jusqu'aux Gallinas, station habituelle des négriers français, qui ne se trouveraient pas à l'aise dans le voisinage de nos postes. »

« Le gouverneur de Sierra-Leone, à son arrivée à Yoni sur l'île de Sherbro, trouva le brick français *le Philibert*, établi là avec ses mâts de perroquet amenés et une partie de sa cargaison à terre. Son excellence avait reçu des renseignemens sur ses opérations de Traite, qui la déterminèrent à le saisir pour violation de nos lois d'abolition. Le capitaine est M. Illide Devèze dont le nom figure dans quelques uns des papiers du brigantin négrier *l'Éléonore*. Comme le navire doit être adjugé à Sierra-Leone, il ne sera pas à propos d'en beaucoup parler. Cependant le bruit court ici que sa cargaison et sa disposition intérieure étaient réglées pour cinq cents esclaves. De Yoni, le gouverneur se rendit à Shebar où il trouva quatre navires français, dont trois, *la Modèle* (1), *la Fauvette* et *le Colibri*, en attente d'esclaves qui leur devaient être fournis dans le voisinage,

_____

(1) Ce nom est écrit *la Modelle* dans le texte anglais, il faut peut-être lire *la Modeste*.

et un seul, *la Fortune,* qui avait ses esclaves tout prêts à Manna-Rock, mais qui avait été forcé par un gros temps de venir là, et d'y réparer ses agrès, etc. Le cutter *le Colibri* avait à bord une partie de sa cargaison (savoir vingt esclaves), lorsque le brick de la colonie vint en vue d'York-Island, et il les débarqua pendant la nuit. Le gouverneur envoya un officier à bord pour avertir les capitaines et les équipages de ces vaisseaux que désormais ils se trouvaient dans les eaux de la Grande-Bretagne, le pays lui ayant été cédé par les naturels; qu'ils devaient par conséquent montrer leurs papiers, et lui faire connaître la nature et l'étendue du commerce qu'ils faisaient, que s'il était légal, toute sorte de facilité leur serait accordée pour le terminer, mais que néanmoins ils devaient quitter le port aussitôt qu'il serait possible. Ils furent expressément informés qu'ils n'auraient pas la permission d'emmener des esclaves, et qu'une exacte surveillance serait exercée pour les empêcher de le faire.

« Les capitaines des schooners *la Modèle* et *la Fauvette*, après quelque délai, et même de la part du premier une tentative d'évasion, répondirent qu'ils avaient livré leurs cargaisons pour esclaves, et demandèrent qu'on leur permît de se rendre directement aux Indes occidentales. Cela leur fut permis, et le schooner *la Fortune* ayant complété ses réparations, eut aussi la permission de partir, quoique ce fût, je vous le puis assurer, avec un grand regret qu'on les voyait franchir la barre, particulièrement *la Fortune*, attendu qu'il était bien connu, que tous retourneraient aussitôt à leurs anciennes manœuvres dans un autre quartier.

« Le schooner *la Modèle*, capitaine Félix Rejou (1),

---

(1) Il y a probablement ici quelque erreur; la lettre in-

armateur, Barty Trenard de la Martinique. Il avait donné la totalité de sa cargaison à Harry Tucker pour quatre-vingt-cinq esclaves ; prêt à mettre en mer, tous ses esclaves étant réunis, et ayant intention d'appareiller le jour suivant.

« Le cutter *le Colibri*, de 49 tonneaux de 16-94. — douze hommes d'équipage. Capitaine, Victor Ruinet. Lieutenant, Henri Gilbert. Second lieutenant, Charles Hanson. Propriétaire, M. Jacques Lalanne de Saint-Pierre - Martinique. — Parti de Saint-Pierre le 9 mai 1825, détenu à Gorée, puis relâché au Sénégal le 9 juillet suivant. Construit à Nantes, à la date du 18 septembre 1822 ; cargaison livrée à James et Harry Tucker.

« Le schooner *la Fauvette*, jaugeant 36 tonneaux 1-94, long de cinquante-huit pieds quatre pouces, large de treize pieds neuf pouces ; hauteur de la capacité antérieure de cinq pieds quatre pouces (1). Construction américaine. François Rossignol, capitaine ; MM. Lavon et Ancelin fils, négocians à la Basse-Terre, Guadeloupe, armateurs. — Parti pour la côte de Malaguette ; congé signé par le gouverneur Jacob, le 15 décembre 1824. — A laissé la Basse-Terre, d'après son journal, le 23 mai 1825 ; a livré toute sa cargaison à James Tucker pour quatre-vingt-treize esclaves.

« Le schooner *la Fortune*, construction américaine, précédemment *le Joli-Retour*, appartenant à M. André Hall ; jaugeant 63 tonneaux, propriétaire, d'abord Pierre Chinonier, de Saint-Pierre, maintenant Félix Lemoine.

---

sérée ci-dessus et les détails suivans donnent lieu de penser que le bâtiment dont le capitaine se nomme Rejou, est le cutter *le Colibri*.

(1) Mesure anglaise.

— A mis à la voile du Fort-Royal, Martinique, le 18 mars 1825. Capitaine, Desbats; second, Pierre Pain; lieutenant, André Cocagne. Cargaison d'esclaves toute prête à Manna-Rock, où était alors le capitaine. » (Extrait du *Journal de Sierra-Leone*, du 22 octobre 1825.)